AF619013

Band 9

Robert Arbter

Bilanzpolitik: Ergebnisglättung und Wertrelevanz

Die Deutsche Nationalbibliothek verzeichnet diese Publikation in der Deutschen Nationalbibliografie; detaillierte bibliografische Daten sind im Internet über http://www.d-nb.de abrufbar.

Zugl.: Berlin, Techn. Univ., Diss., 2009

ISBN 978-3-8329-4676-0

D83

1. Auflage 2009

Geleitwort

Es ist ein offenes Geheimnis, daß kapitalmarktorientierte Unternehmen stark schwankende Ergebnisse ungern bilanziell ausweisen. Die Erklärungsansätze dazu sind vielfältig. Beispielsweise werden durch Ergebnisglättungen die Analystenschätzungen über die Ergebnisberichte einfacher und umgekehrt die Erfüllung der Analystenschätzungen durch das Unternehmen ebenfalls. Eine Glättung ist dann sinnvoll, wenn Unterschreitungen von Analystenschätzungen stärker sanktioniert als Überschreitungen belohnt werden. Auch sind die Entlohnungssysteme für Manager in Abhängigkeit der Ergebnisse in der Regel selbst geglättet. In Reaktion darauf ist es für das Management vorteilhaft, die Ergebnisse zu glätten. In anderen Fällen kann eine Glättung Informationskosten senken. Wenn Anteilseigner beispielsweise Kosten der Information über künftige Ergebnisausweise aufwenden, senkt die Glättung der Ergebnisse mögliche Informationsvorteile und damit Anreize, Informationskosten aufzuwenden. Im Ergebnis spart dies Informationskosten. Glättungsanreize ergeben sich auch daraus, daß starke Ergebniseinbrüche einen Arbeitsplatzverlust und damit einen Verlust von ökonomischen Renten für das Management mit sich bringen können. Gleiches gilt, wenn starke Ergebniseinbrüche zur Insolvenz und so zu zusätzlichen Insolvenzkosten führen können. Die Liste an Beispielen für Glättungsanreize ließe sich fortführen.

Da all diese Glättungsanreize rational zu erwarten sind, stellt sich die Frage, welche Relevanz der Kapitalmarkt den ausgewiesenen Ergebnissen überhaupt beimißt. An dieser Stelle setzt die vorliegende Arbeit in ihrem Kern an. Die Analyse demonstriert, wie der Kapitalmarkt auf eine rational zu erwartende Bilanzpolitik des Managements reagiert. Die Motivation für eine Bilanzpolitik wird dabei getrieben von einem besonderen Interesse des Managements am Unternehmenswert bzw. am Aktienkurs, wobei Ausmaß und Richtung dieses „Preisinteresse“ für die Kapitalmarktteilnehmer unbeoachtbar und damit unsicher sind. Darauf aufbauend untersucht der Verfasser, wie die zusätzliche Berücksichtigung eines Glättungsinteresses des Managements auf den Kapitalmarkt wirkt.

Die Arbeit liefert hochinteressante, teils unerwartete Ergebnisse. Besonders beachtenswert sind die Befunde zur Wirkung der Kosten der Bilanzpolitik, weil daraus praktisch wertvolle Erkenntnisse darüber gewonnen werden können, wie mehr oder weniger restriktiv ausgestaltete Rechnungslegungsnormen wirken. So wird festgestellt, daß der Bericht des Managers selbst dann eine Relevanz auf den Aktienkurs besitzt, wenn der Manager überhaupt keine Kosten der Bilanzpolitik zu tragen hat - und in diesem Sinne völlig kostenlos manipulieren kann. Ohne einen Glättungsanreiz gilt dies nicht.

Die vorliegende Arbeit liefert eine erfrischend klare ökonomische Argumentation und einen wichtigen Erkenntnisfortschritt. Ihre Lektüre sei daher allen Interessierten nachdrücklich empfohlen.

Berlin, 15. Mai 2009 Prof. Dr. Hans Hirth

Vorwort

Diese Arbeit entstand während der Freistellungsphasen meiner Tätigkeit als Wirtschaftsprüfungsassistent bei der KPMG WPG AG, Berlin.

Mein Doktorvater ist Prof. Dr. Hans Hirth. Ihm bin ich zu besonderem Dank verpflichtet, nicht nur für das fortwährende, inhaltliche Interesse an meiner Arbeit und die Möglichkeit Ergebnisse der Arbeit mit ihm jederzeit diskutieren zu können, sondern auch für die Tatsache die Arbeit in der positiven und produktiven Atmosphäre am Lehrstuhl schreiben zu dürfen. Die Diskussionen am Mittagstisch werde ich sicher nicht vergessen, auch nicht die Doktorandenseminare in Greifswald. Beides werde ich in Zukunft vermissen.

Mein besonderer Dank gilt Dipl-Kfm. Stefan Götz, Dr. rer.oec. Reno Basner und Helga Fischer, deren Kommentare zu den ersten Versionen dieser Arbeit sehr wertvoll waren.

Meinen Eltern möchte ich noch meinen aufrichtigsten Dank aussprechen für die Unterstützung, die sie mir während meines Studiums gewährt haben. Meiner Frau Stefanie danke ich für Rat&Tat beim Satz der Arbeit für die Veröffentlichung. Außerdem bedanke ich mich bei Prof. Dr. Krystek, Prof. Dr. Kasperzak und Prof. Dr. Hirth für die zügige Erstellung der Gutachten und die spannende zeitnahe Disputation.

Berlin, 12. Mai 2009 Robert Arbter

Inhaltsverzeichnis

Abbildungsverzeichnis

Tabellenverzeichnis

Abkürzungsverzeichnis

bspw.	beispielsweise
CFA	Chartered Financial Analyst
CFO	Chief Financial Officer (Finanzvorstand)
c.p.	ceteris paribus
FASB	Financial Accounting Standards Board
GuV	Gewinn- und Verlustrechnung
HGB	Handelsgesetzbuch
IASB	International Accounting Standards Board
k.A.	keine Angabe
S.	Seite
sog.	sogenannte
u.a.	unter anderem
u.U.	unter Umständen
vgl.	vergleiche
z.B.	zum Beispiel

Symbolverzeichnis

β	Wertrelevanz des Berichts
$\tilde{\varepsilon}_t$	Störgröße zum Zeitpunkt t
μ_p	Erwartungswert des Marktpreisinteresses
μ_t	Erwartungswert des Störterms in t
μ_x	Erwartungswert des Unternehmenswertes
σ_p^2	Varianz des Marktpreisinteresses
σ_t^2	Varianz des Störterms
σ_x^2	Varianz des Unternehmenswerts
B_t	Summe des Bonuspools
b	Bilanzpolitik
CF_t	Cashflow zum Zeitpunkt t
$Cov[\bullet]$	Kovarianz
DPA_t	Diskretionäre Periodenabgrenzungen zum Zeitpunkt t
$E[\bullet]$	Erwartungswert
$E[\bullet \mid x]$	Durch x bedingter Erwartungswert
GPA_t	Gesamte Periodenabgrenzungen zum Zeitpunkt t
g	Glättungsinteresse
γ_i	empirischer Schätzparameter im Jones-Modell
h_t	Prozentualer Anteil der Zielerreichung, der in den Bonuspool fließt
λ_t	Schätzparameter im Branchenmodell
L_t	Gewinnziel zum Zeitpunkt t
m_t	Bericht des Managers zum Zeitpunkt t
NPA_t	Normale Periodenabgrenzungen zum Zeitpunkt t
O	Bonusplanlimit
O'	Obergrenze für die maximale Übererfüllung des Gewinnziels
P_t	Marktpreis
$\tilde{p}$	Marktpreisinteresse
r	Kosten der Bilanzpolitik
s	Zeitpräferenz des Managers bezüglich der variablen Entlohnung
t	Zeitpunkt (Periode)
T	Anzahl der betrachteten Perioden
U	Nutzen

$Var[\bullet]$	Varianz
$\widetilde{x}$	Unternehmenswert
$\widetilde{y}_t$	Privates Signal des Managers / wahres Ergebnis der Periode t

1 Einleitung

1.1 Problemstellung, Ziel und Vorgehensweise der Arbeit

Immer wieder wird im Zusammenhang mit Jahresüberschüssen auf das Phänomen der Ergebnisglättung verwiesen. Eine Studie von Graham et al. (2006) sorgte in dieser Hinsicht für Aufregung. Nahezu alle Finanzvorstände (CFOs) gaben an, dass sie einen glatten Ergebnisstrom bevorzugen. 78% der CFOs wären sogar bereit unternehmenswertvernichtende Maßnahmen zu ergreifen um Ergebnisglättung zu erreichen. Darüber hinaus gaben 80% der CFOs an, dass sie, um Analystenschätzungen für das jeweilige Ergebnis zu erreichen, Forschungs- und Entwicklungsausgaben, Marketingaufwendungen und Instandhaltungsaufwendungen auch auf suboptimale Niveaus zurückfahren würden. Dies veranlasste das Chartered Financial Analysts (CFA) Institute sogar, die Empfehlung ab zu geben, das Veröffentlichen von quartalsweisen Ergebnisprognosen zu überdenken.[1]

Im Erkenntnisinteresse dieser Arbeit liegt die Untersuchung von Anreizen zur Ergebnisglättung und deren Auswirkungen auf die Ergebnisqualität. Diese wird hier gemessen anhand des Konzepts der Wertrelevanz. Die Wertrelevanz misst die Stärke des Zusammenhangs zwischen einer berichteten Ergebnisgröße und der Preisbildung. Dies erfolgt anhand von modelltheoretischen Überlegungen.

Ziel der Arbeit ist es, mögliche Anreize, die für Ergebnisglättung sprechen, systematisch darzustellen sowie eine Aussage über die Auswirkungen von Ergebnisglättung auf die Bewertungseffizienz durch die Kapitalmärkte zu treffen. Dabei soll insbesondere eine Situation untersucht werden, in der auf das Management zusätzlich zu einem Marktpreisanreiz auch Glättungsanreize wirken. Damit sollen dann Implikationen für Standardsetter gewonnen werden. Die betrachtete Steuerungsgröße sind hierbei die für den Manager anfallenden Kosten der Bilanzpolitik. Im Vordergrund der Arbeit stehen der Jahresüberschuss (Ergebnis) und dessen Manipulation. Ausweisfragen innerhalb der Bilanz oder Gewinn- und Verlustrechnung stehen auf Grund der Struktur der später angestellten modelltheoretischen Überlegungen mit rationalen Akteuren nicht im Vordergrund. Zu diesem Zweck ist die Arbeit folgendermaßen aufgebaut:

Der Rest des ersten Kapitels befasst sich mit der Beschreibung wichtiger institutioneller Grundlagen und führt Kernbegriffe ein. Im Weiteren werden dazu die Definitionen, Instrumente, Ziele, Arten und mit der Bilanzpolitik verbundenen Kosten dargelegt. Zusätzlich werden kapitalmarkttheoretische Grundlagen betrachtet. Begonnen wird mit einer Darstellung der üblichen Entlohnung von Managern, als wichtigster Determinante ihrer Nutzenfunktion.

1 Vgl. Krehmeyer/Orsagh/Schacht (2006), S. 2.

Im zweiten Kapitel werden Ergebnisqualitätsmaße eingeführt sowie eine kurze Einführung in die empirische Messung von Bilanzpolitik gegeben.

Im Kapitel drei erfolgt ein zweckmäßiger Überblick über relevante modelltheoretische Erklärungsansätze für Ergebnisglättungsanreize. Die Modelle werden dabei anhand ihrer jeweiligen Durchbrechungen des Offenlegungsprinzips geordnet. Das Kapitel wird durch Hinweise auf empirische Untersuchungen abgerundet.

Anschließend stellt Kapitel vier den Zusammenhang zwischen Bilanzpolitik und Wertrelevanz bei unsicherem Marktpreisinteresse des Managers anhand der Betrachtung einer Variante des zweiperiodigen Modells von Ewert/Wagenhofer (2005) her.

Der Forschungsschwerpunkt der Arbeit ist Kapitel fünf. In diesem Kapitel werden aus der Weiterentwicklung des Modells aus Kapitel vier mit der zusätzlichen Einführung eines Glättungsanreizes Implikationen für die Zusammenhänge zwischen Ergebnisglättung und Wertrelevanz gewonnen. Hier zeigt sich, dass Glättungsanreize die Wertrelevanz von Berichten erhöhen können und somit nicht notwendiger Weise ex-ante von negativen Auswirkungen von Glättungsanreizen auf die Kapitalmarkteffizienz ausgegangen werden muss. Zudem zeigt sich, dass strengere Rechnungslegungsstandards bzw. die strengere Durchsetzung dieser Standards ambivalent auf die Wertrelevanz des Berichts wirken können. Es werden Bedingungen identifiziert, für die strengere Standards wertrelevanzerhöhend bzw. –mindernd wirken. Mit diesen Ergebnissen wird somit erneut die Forderung nach strengerer Rechnungslegung in Frage gestellt.[2]

1.2 Entlohnung von Managern

Gemäß des Deutschen Corporate Governance Kodex soll die Vergütung des Vorstandes von Aktiengesellschaften über drei Bestandteile erfolgen: Ein monatliches Fixum, das durch variable, erfolgsabhängige Bestandteile ergänzt wird. Die variable Komponente sollte einerseits an den geschäftlichen Erfolg gebunden sein und andererseits aber auch Elemente mit langfristiger Anreizwirkung enthalten. Als Elemente mit langfristiger Anreizwirkung und Risikocharakter weist der Kodex ausdrücklich auf eine aktienbasierte Entlohnung mit evtl. Veräußerungssperren hin. Ausdrücklich soll die Entlohnung nach oben hin wegen unvorhersehbarer Ereignisse begrenzt sein (Cap).[3]

Dementsprechend finden sich auch in der Praxis drei Entlohnungsbestandteile:

- Fixe Vergütung,
- variable Vergütung (Tantieme),
- aktienbasierte Vergütung.

2 Diese Forderung lässt sich u.a. ableiten aus Knutson (1993).

3 Vgl. Deutscher Corporate Governance Codex vom 06.06.2008, Ziffer 4.2.3.

Aus diesen Lohnbestandteilen und weiteren Nutzenbestandteilen der Tätigkeit als Manager (privater Nutzen) können verschiedene Anreize entstehen um Bilanzpolitik zu betreiben.

Die variable Vergütung wird dabei überwiegend auf Basis des geschäftlichen Erfolgs der vergangenen Periode bemessen. Meist handelt es sich um formalisierte Tantiemen- oder Bonusregelungen, die hauptsächlich auf Basis des Erreichens bestimmter Kennzahlen bemessen werden. Hier spielen Obergrenzen (Cap) bei der Bemessung der Zielerreichung häufig eine Rolle. Eine Untergrenze (Floor) ist dadurch gegeben, dass kein negativer Bonus entstehen kann.

In Tabelle 1-1 finden sich die Vergütungssysteme der DAX 30 Unternehmen, wie sie aus den jeweiligen Vergütungsberichten für das Geschäftsjahr 2007 hervorgehen. Es kann festgestellt werden, dass in den DAX 30 Unternehmen überwiegend alle drei Entlohnungbestandteile vorkommen. Lediglich vier Unternehmen verzichten auf einen aktienbasierten Vergütungsbestandteil. Zudem nutzen mindestens 13 Unternehmen Bonusobergrenzen. Die restlichen Unternehmen treffen keine Aussage zur Existenz von Bonusobergrenzen in den relevanten Bonusregelungen.

Name	fix	variabel	aktienbasiert	Bonuscap
Adidas	ja	ja	ja	k.A.
Allianz	ja	ja	ja	ja
BASF	ja	ja	ja	k.A.
Bayer	ja	ja	ja	k.A.
BMW	ja	ja	nein	ja
Commerzbank	ja	ja	ja	k.A.
Continental	ja	ja	ja	ja
DaimlerChrysler	ja	ja	ja	k.A.
Deutsche Bank	ja	ja	ja	k.A.
Deutsche Börse	ja	ja	ja	k.A.
Deutsche Lufthansa	ja	ja	ja	k.A.
Deutsche Post	ja	ja	ja	ja
Deutsche Postbank	ja	ja	nein	ja
Deutsche Telekom	ja	ja	ja	k.A.
E.ON	ja	ja	ja	ja
Fresenius Medical Care	ja	ja	ja	ja
Henkel	ja	ja	ja	k.A.
Hypo Real Estate	ja	ja	nein	k.A.
Infineon	ja	ja	ja	k.A.
Linde	ja	ja	ja	ja
MAN	ja	ja	ja	ja
Merck	ja	ja	nein	k.A.
Metro	ja	ja	ja	ja
Münchner Rück	ja	ja	ja	ja
RWE	ja	ja	ja	ja
SAP	ja	ja	ja	k.A.
Siemens	ja	ja	ja	ja
ThyssenKrupp	ja	ja	ja	k.A.
TUI	ja	ja	ja	k.A.
Volkswagen	ja	ja	ja	k.A.

Tabelle 1-1 Vergütungssysteme der DAX 30 Unternehmen

1.3 Definition und Ziele von Bilanzpolitik

Die üblichen Definitionen von Bilanzpolitik hängen vom jeweiligen Kontext des Managerverhaltens ab. Zwei prominente Definitionen lauten:

> Schipper (1989): „... a purposeful intervention in the external financial reporting process, with the intent of obtaining some private gain (as opposed to, say, merely facilitating the neutral operation of the process)...";[4]
>
> Healy und Wahlen (1999): "Earnings management occurs when managers use judgment in financial reporting and in structuring transactions to alter financial reports to either mislead some stakeholders about the underlying economic performance of the company, or the influence the contractual outcomes that depend on reported accounting numbers".[5]

Healy und Wahlen (1999) vertreten mit ihrer Definition die klassische Ansicht, dass Bilanzpolitik aus opportunistischem Interesse des Managements zur Fehlinformation von Stakeholdern betrieben wird, um daraus einen privaten Nutzen zu ziehen. Indes kann Bilanzpolitik durchaus auch genutzt werden um die Bilanzadressaten besser zu informieren.

Grundsätzlich lassen sich die folgenden Ziele von Bilanzpolitik voneinander abgrenzen:[6]

- Maximierung des ausgewiesenen Erfolgs,
- Minimierung des ausgewiesenen Erfolgs,
- Erreichen von Zielgrößen,
- Glättung des ausgewiesenen Erfolgs über die Zeit.

Die *Maximierung des ausgewiesenen Erfolgs* verfolgt hauptsächlich das offensichtliche Ziel sich dem Kapitalmarkt bestmöglich zu präsentieren. Konkrete Anlässe können Unternehmensverkäufe oder die Aufnahme von Fremd- oder Eigenkapital sein. Aus Managersicht kann nicht nur die damit verbundene höhere Tantieme bzw. aktienpreisbasierte Bezahlung attraktiv sein, sondern ebenfalls ein Signal an andere potentielle Arbeitgeber über seine Fähigkeiten. Ebenfalls ist denkbar, dass in schlechten Jahren der Manager das Ergebnis maximieren möchte um einer eventuellen Entlassung zu entgehen.

Die *Minimierung des ausgewiesenen Erfolgs* ist aus Managersicht wünschenswert, wenn Verhandlungen über ein neues Aktienoptionsprogramm bevorstehen und man einen möglichst niedrigen Ausübungspreis erreichen möchte. Oft stehen auch steuerliche Gründe im Vordergrund, wenn das Maßgeblichkeitsprinzip in dem jeweiligen Rechnungslegungsumfeld relevant ist. Nach einem Managementwechsel wird ebenfalls häufig das so genannte „big bath accounting" beobachtet. In dessen Rahmen wird der ausgewiesene Erfolg so weit wie möglich reduziert. Offensichtliches Ziel des neuen Managements ist es dabei, dieses Ergebnis dem alten Manage-

4 Schipper (1989), S. 92.
5 Healy/Wahlen (1999), S. 368.
6 Vgl. Wagenhofer/Ewert (2003), S. 205.

ment anzulasten und in zukünftigen Perioden selbst von höheren Ergebnissen zu profitieren. Dieser Zusammenhang der Periodenergebnisse ergibt sich aus dem Grundsatz der Totalgewinnidentität.[7] Weitere Gründe können zum Beispiel anstehende Tarifverträge oder Untersuchungen von Regulierungsbehörden in Bezug auf das Wettbewerbsrecht sein.[8]

Dem *Erreichen von Zielgrößen* wird vom Management eine große Rolle beigemessen und wie in der Einleitung beschrieben sind Finanzvorstände ganz überwiegend bereit, sogar unternehmenswertvernichtende Maßnahmen zu ergreifen, um kurzfristige Zielgrößen erreichen zu können.[9] Diese Einstellung scheint gerechtfertigt, da empirische Studien zeigen, dass das Nichterreichen von Analystenschätzungen zu besonders starken Kursrückgängen führt.[10]

Die Glättung des ausgewiesenen Erfolgs geht ebenfalls auf eine Reihe von Anreizen zurück. Diese werden in Kapitel drei ausführlich dargestellt.

Copeland (1968) definiert Glättung als Abschwächung der Schwankungen der Ergebnisse zwischen den Perioden durch das Verschieben von Erträgen in sehr guten Jahren in schlechtere Jahre.[11] Beidleman (1973) beschreibt Glättung als ein Dämpfen von Schwankungen des Ergebnisses um ein Sollergebnis. Dieses Sollergebnis soll als üblich für die Firma angesehen werden. Es wird sich üblicherweise um einen Ergebnistrend handeln oder um die direkte Fortschreibung des Vorjahresergebnisses.[12]

1.4 Reale vs. Buchmäßige Bilanzpolitik

Grundsätzlich lässt sich Bilanzpolitik in reale Bilanzpolitik und buchmäßige Bilanzpolitik unterscheiden. Reale Bilanzpolitik (Sachverhaltsgestaltung) umfasst Maßnahmen der Geschäftspolitik vor dem Bilanzstichtag mit dem Ziel den Jahresabschluss zu beeinflussen. Dem Management steht hier ein erheblicher Entscheidungsspielraum zur Verfügung.[13] Weiterhin kann zwischen kurz- und langfristigen Maßnahmen unterschieden werden. Bei den kurzfristigen Maßnahmen sind z.B. die stichtagsnahe Verzögerung oder Beschleunigung von Warenauslieferungen und Vorratsbeschaffungen zu nennen. Ebenso fallen unter diese Kategorie Verkäufe des

7 Zur Definition, vgl. S. 22f.

8 Es ist jedoch auch denkbar, dass das Management mit einer Strategie aus fallweiser Glättung oder Minimierung das Ziel verfolgt den Marktpreis des Unternehmens zu maximieren. Dieses überraschende Ergebnis zeigen modelltheoretisch Kirschenheiter/Melumad (2002). Die Intuition dieses Modells wird im Kapitel 3 vorgestellt.

9 Vgl. Graham/Harvey/Rajgopal (2006), S. 8.

10 Vgl. Dechow/Skinner (2000), die feststellen, dass dieses Phänomen überproportional stark bei Wachstumstiteln auftritt. Ihre Schlussfolgerung lautet, dass Investoren überoptimistische Wachstumserwartungen haben.

11 Vgl. Copeland (1968), S. 75.

12 Vgl. Beidleman (1973), S. 653.

13 Vgl. Wagenhofer/Ewert (2003), S. 200.

Anlagevermögens, die z.B. mit dem Ziel, einen Veräußerungsgewinn vereinnahmen zu können, durchgeführt werden. Langfristige Maßnahmen betreffen typischerweise komplizierter strukturierte Vereinbarungen, die Auswirkungen auf mehrere Folgeperioden haben. Als Beispiel kann hier eine Sale and Lease Back Transaktion genannt werden. Hier liegt der Sachverhaltsgestaltungspielraum in der konkreten Vertragsausgestaltung, nach der der Vertrag dann entweder als Operate Lease oder Finance Lease zu klassifizieren und bilanzieren ist.[14] Im Falle des Operate Lease wird das Unternehmen den Veräußerungsgewinn/-verlust in der ersten Periode vereinnahmen und in den Folgeperioden den Leasingaufwand tragen. Im Falle des Finance Lease bleibt der Vermögensgegenstand beim betrachteten Unternehmen aktiviert. Dieser wird jedoch neubewertet. Stille Reserven können so gehoben werden.[15] Wichtiger für die vorliegende Arbeit, die sich auf modellhafte Betrachtung von Bilanzpolitik und dort vor allem mit dem Ziel der Ergebnisglättung konzentriert, ist jedoch die Unterscheidung, ob sich die ergebniswirksamen Auswirkungen von realer Bilanzpolitik in den Folgeperioden umkehren. Für den Fall der Verzögerung von Warenauslieferungen kehren sich die Wirkungen analog der buchmäßigen Bilanzpolitik in den Folgeperioden um. Der in der ersten Periode entgangene Veräußerungserlös wird in den Folgeperioden realisiert. Für das Vermindern oder Erhöhen von aufwandswirksamen Forschungs- und Entwicklungsaufgaben kann dieser einfache Zusammenhang nicht notwendigerweise hergestellt werden. Sachverhaltsgestaltung wird in den meisten Fällen Kosten mit sich bringen, die den Wert des Unternehmens senken. Diese Kosten können Transaktionskosten (Bsp. Verkauf von Anlagevermögen), Zinskosten (entgangener Zins durch spätere Warensauslieferung und Zahlung) und andere Opportunitätskosten sein. Die Summe der Kosten durch reale Bilanzpolitik entspricht dem Unternehmenswertverlust, der aus der Differenz zwischen dem ökonomisch optimalen Vorgehen und dem vom Management für Bilanzierungszwecke eingeschlagenen Weg resultiert.[16]

Buchmäßige Bilanzpolitik betrifft die buchmäßige Abbildung von Geschäftsvorfällen während des Berichtszeitraums, für die Abbildungsspielräume bestehen. Daher werden diese Maßnahmen auch Maßnahmen nach dem Bilanzstichtag genannt.[17]

14 Diese Unterscheidung findet sich sowohl in den IFRS (IAS 17) als auch den US-GAAP (SFAS 13).

15 Vgl. Wagenhofer/Ewert (2003), S. 200.

16 Vgl. Ewert/Wagenhofer (2005), S. 1102. Nicht enthalten sind hier private Kosten des Managements, die durch Bilanzpolitik entstehen.

17 Vgl. Wagenhofer/Ewert (2003), S. 201.

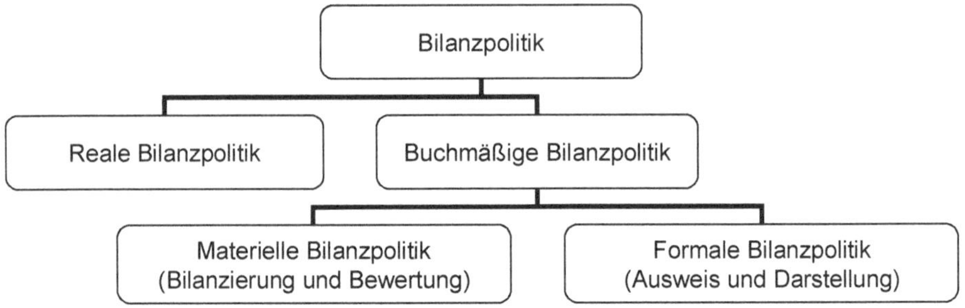

Abbildung 1-1 Bilanzpolitische Maßnahmen (entnommen Wagenhofer/Ewert (2003), S.199)

Wagenhofer und Ewert (2003) unterscheiden ferner in materielle und formale Bilanzpolitik (siehe Abbildung 1-1). Während formale Bilanzpolitik sich eher auf den Ausweis von Geschäftsvorfällen bezieht betrifft materielle Bilanzpolitik die Wahl von Bilanzierung und Bewertung mittels Ermessenspielräumen und/oder Wahlrechten. Beispiel für erstere ist der Ausweis der Zuführungen des Zinsanteils zu Pensionsrückstellungen im Finanzergebnis statt im Betriebsergebnis. Für materielle Bilanzpolitik seien als Repräsentanten einer großen Auswahl von Möglichkeiten die Überdotierung/Unterdotierung von Rückstellungen oder außerordentliche Abschreibungen/Nichtabschreibungen genannt. Das Vorliegen einer Substitution von buchmäßiger durch reale Bilanzpolitik wird zum Beispiel bei Schipper (2003) angesprochen. Es wird vermutet, dass das Ausmaß der Substitution mit höheren Kosten der Bilanzpolitik steigt.[18]

Cohen et al. (2008) zeigen mit Daten von 1987 bis 2005 empirisch, dass bei börsennotierten Unternehmen in den USA das Ausmaß buchmäßiger Bilanzpolitik im Zeitraum bis zur Einführung des Sarbanes-Oxley-Acts im Jahr 2002 stetig zunahm. Nach der Einführung ging das Ausmaß von buchmäßiger Bilanzpolitik zurück, allerdings stieg das Ausmaß von realer Bilanzpolitik. Eines der Hauptziele des Sarbanes-Oxley-Acts war die Erschwerung von Bilanzpolitik.[19]

Ein maßgebliches Konzept ist der Grundsatz der Totalgewinnidentität (Clean Surplus Accounting). Dabei ist die Summe der Gewinne über die Totalperiode unabhängig von Rechnungslegungsentscheidungen in den einzelnen Perioden. Eventuelle Manipulationen in einer Periode kehren sich in späteren Perioden um.[20] Dies gilt grundsätzlich für buchmäßige Bilanzpolitik. Bei realer Bilanzpolitik gibt es Fälle, in denen der Umkehreffekt ebenfalls eintritt. Dies ist z.B. bei einer verzöger-

18 Modelle, die diesen Effekt erklären, finden sich bei Ewert/Wagenhofer (2005) und Demski (2004).
19 Vgl. Cohen/Dey/Lys (2008), S. 760.
20 Vgl. Arya/Glover/Sunder (2003), S. 113.

ten Warenlieferung der Fall. Beim Absenken von Marketingaufwendungen muss sich der Effekt hingegen nicht zwangsläufig umkehren. Bei realer Bilanzpolitik entstehen aber zusätzlich zu dem evtl. vorhandenen Umkehreffekt weitere ökonomische Kosten (siehe oben).

In der Praxis finden sich in den meisten Rechnungslegungssystemen Abweichungen vom Grundsatz der Totalgewinnidentität.[21]

Grundsätzlich sollen bilanzpolitische Maßnahmen vom Wirtschaftsprüfer am Ende des Berichtszeitraums überprüft und bewertet werden. Im Zusammenhang damit wird klar, dass häufig Kosten durch Bilanzpolitik entstehen werden.

1.5 Kosten der Bilanzpolitik

Einerseits fallen sog. private Kosten der Bilanzpolitik an. Darunter sollen im Folgenden diejenigen Kosten verstanden werden, die dem Management selbst durch Bilanzpolitik entstehen. Gründe für private Kosten können

- Reputationskosten,
- Kosten durch Arbeitsaufwand,
- psychische Kosten,
- Kosten durch Entdeckungsgefahr,
- und Verhandlungskosten mit dem Wirtschaftsprüfer.

sein.[22] Die Durchführung von Bilanzpolitik verursacht Managern mithin private Kosten, die er in seinem Nutzenkalkül berücksichtigen muss.
In Abgrenzung zu den privaten Kosten fallen Kosten an, die auch für den Eigentümer direkt wirksam sind. Hier sind z.B. die unternehmenswertvernichtenden Effekte von realer Bilanzpolitik (siehe Kapitel 1.5) zu nennen. Üblicherweise wird das Management diese jedoch zumindest anteilig durch variable bzw. aktienbasierte Vergütung mittragen. Schließlich sollten ebenfalls Informationskosten berücksichtigt werden, die z.B. beim Aufdecken von Bilanzpolitik bei den Bilanzadressaten entstehen können.

1.6 Informationseffizienz und Rechnungslegung

Zum Verständnis des Einflusses von Rechnungslegungsgrößen auf die Marktpreisbildung ist das Konzept der Informationseffizienz bedeutsam. Das Konzept geht zurück auf Fama (1970). Ein Markt, in dem die Preise zu jeder Zeit alle verfügbaren

21 Darunter ist zum Beispiel das in §309 Abs. 1 HGB kodifizierte Wahlrecht zur offenen Verrechnung eines Unterschiedsbetrags mit den Gewinnrücklagen zu nennen.

22 Vgl. Fischer/Verrechia (2000), S. 232 und Ewert/Wagenhofer (2005), S. 1105 f.

Informationen reflektieren, wird effizient genannt.[23] Die kumulativ hinreichenden Bedingungen für einen informationseffizienten Markt sind:[24]

- keine Transaktionskosten,
- alle verfügbaren Informationen sind kostenlos für die Marktteilnehmer verfügbar,
- alle Marktteilnehmer interpretieren die Informationen übereinstimmend.

Liegen die Voraussetzungen für einen informationseffizienten Markt vor, ist es nicht möglich systematisch Überrenditen durch Handel (z.B. mit Wertpapieren) auf Basis der aktuell verfügbaren Informationen zu erzielen.[25] Der Grund dafür ist, dass die zu einem Zeitpunkt zur Verfügung stehenden Informationen bereits alle in den Marktpreisen enthalten sind. Anhand der in den Preisen bereits berücksichtigten Informationen lassen sich drei Formen der Informationseffizienz unterscheiden:[26]

Bei schwacher Informationseffizienz sind in den Marktpreisen sämtliche vergangene Kursinformationen enthalten. Die Erzielung von Überrenditen durch technische Wertpapieranalyse ist im Erwartungswert nicht möglich.

Marktpreise schließen bei mittelstrenger Informationseffizienz sowohl die Informationen aus vergangenen Kursen sowie alle weiteren öffentlich zugänglichen Informationen ein. Rechnungslegung ist der Prototyp dieser institutionalisierten öffentlichen Information. Es werden aber auch Analystenschätzungen und alle sonstigen Publikationen bei der Preisbildung berücksichtigt. Liegt diese Art Informationseffizienz vor, ist es nicht möglich, auf Basis öffentlich verfügbarer Informationen systematisch Überrenditen zu erzielen.

Wenn strenge Informationseffizienz vorliegt, beinhalten die Marktpreise nicht nur alle öffentlich zugänglichen Informationen sondern auch alle nichtöffentlichen Informationen (Insiderinformationen). Generell wird davon ausgegangen, dass alle Informationen, die sich bei irgendeinem Marktteilnehmer befinden, in den Preisen berücksichtigt sind. Mithin lassen sich selbst durch Insiderinformationen keine systematischen Überrenditen mehr erzielen. Die Hypothese der strengen Informationseffizienz ist sicherlich in der Praxis nicht haltbar und wird auch überwiegend nur als theoretische Referenz anerkannt.[27]

23 Wörtliche Übersetzung des Autors von Fama (1970), S. 383.

24 Vgl. Fama (1970), S. 387.

25 So definiert Jensen (1978) auch Informationseffizienz, wobei die Nettorendite (nach Transaktions- und Informationskosten) relevant ist. Vgl. Ebenda, S. 96.

26 Vgl. Jensen (1978), S. 97.

27 Vgl. Jensen (1978), S. 97.

2 Empirische Grundlagen

2.1 Messung von Bilanzpolitik

Grundsätzlich stellt sich die Frage, wie Bilanzpolitik empirisch messbar sein sollte, wenn einzelne Adressaten der Rechnungslegung selbst dazu nicht in der Lage sind. Eine mögliche Erklärung für diesen Widerspruch ist, dass sich statistisch innerhalb von großen Datensätzen bestimmte Muster nachweisen lassen, ohne jedoch eine zuverlässige Aussage über evtl. Bilanzpolitik bei einzelnen Stichprobenelementen zu erlauben.[28]

An dieser Stelle sollen vorab einige grundlegende Begriffe eingeführt werden. Grundsätzlich bestimmt Rechnungslegung die Ableitung von Ergebnisgrößen aus Cashflows.[29]

Das Periodenergebnis y_t lässt sich somit auch darstellen als:

$$y_t = CF_t + GPA_t,$$

mit CF_t als Cashflow der Periode und GPA_t als Periodenabgrenzungen. Zur Messung von Bilanzpolitik werden die Periodenabgrenzungen weiter in normale Periodenabgrenzungen NPA_t und diskretionäre Periodenabgrenzungen DPA_t als Maß für betriebene Bilanzpolitik unterschieden:

$$GPA_t = NPA_t + DPA_t.$$

Da sich letztlich nur die gesamten Periodenabgrenzungen messen lassen, sind bestimmte Annahmen über die normalen Periodenabgrenzungen notwendig, um daraus die diskretionären Periodenabgrenzungen bestimmen zu können. In der Literatur sind dabei die folgenden Modelle am häufigsten vertreten:[30]

28 Vgl. Schipper (1989), S. 89.

29 Wagenhofer/Dücker (2007), S. 268. Dort wird auch angesprochen, dass dies lediglich die GuV-orientierte Sichtweise darstellt.

30 Vgl. Dechow/Sloan/Sweeney (1995), S. 197ff. Darauf bezieht sich auch die folgende Darstellung. Die Notation entspricht dabei der Darstellung bei Wagenhofer/Ewert (2003), S. 213 f.

Healy (1985) (Durchschnittsbildung):

In diesem Modell wird unterstellt, dass sich die normalen Periodenabgrenzungen aus einem Durchschnittswert der gesamten Periodenabgrenzungen GPA_t davor liegender Perioden ergeben. Bei der Betrachtung der letzten T Perioden zum Zeitpunkt t folgt:

$$NPA_t = \frac{\sum_{t-1-T}^{t-1} GPA_{t-1-T}}{T}.$$

DeAngelo (1986):

Hier wird angenommen, dass sich normale Periodenabgrenzungen über die Zeit hinweg nicht ändern. Sie ergeben sich zum Zeitpunkt t als:

$$NPA_t = GPA_{t-1}.$$

Die diskretionären Periodenabgrenzungen ergeben sich dann als Differenz zwischen den gesamten Periodenabgrenzungen der aktuellen Periode und der Vorperiode. Dieses Modell kann als Spezialfall des Modells von Healy (1985) angesehen werden, in dem nur eine Vorperiode berücksichtigt wird.

Jones (1991):

Grundidee dieses Modells ist, dass die normalen Periodenabgrenzungen nicht konstant sind, sondern sich durch Veränderungen im Geschäftsablauf ändern. In der Ursprungsfassung wurden als Bestimmungsfaktoren für die normalen Periodenabgrenzungen die Umsatzveränderung und das Bruttoanlagevermögen eingeführt. Die normalen Periodenabgrenzungen ergeben sich dann als:

$$NPA_t = \gamma_1 + \gamma_2 \Delta Umsatz_t + \gamma_3 Bruttoanlageverm\ddot{o}gen_t.$$

Die Parameter γ_1, γ_2 und γ_3 werden anhand von Daten mehrerer Vorperioden geschätzt.

Dechow und Sloan (1991) (Branchenmodell):

Für dieses Modell nimmt man an, dass sich die normalen Periodenabgrenzungen aus dem Median der gesamten Periodenabgrenzungen der Branche bestimmen lassen. Dabei bilden λ_1 und λ_2 die Schätzparameter. Die normalen Periodenabgrenzungen sind dann gegeben durch:

$$NPA_t = \lambda_1 + \lambda_2 Median_t(GPA_t).$$

Aufgrund der je nach Modell notwendigen Annahmen gestaltet sich die empirische Messung und Feststellung von Bilanzpolitik mithin allgemein schwierig. Gründe dafür sind vor allem notwendige Annahmen über normale Periodenabgrenzungen (da Bilanzpolitik nicht direkt messbar ist) und die Schwierigkeit mehrere Arten von Bilanzpolitik bei der Messung zu separieren.[31]

2.2 Ergebnisqualitätskonzepte

Grundsätzlich lassen sich Maße für Ergebnisqualität in marktbasierte und in rechnungswesenbasierte Maße einteilen.[32] Marktbasierte Ergebnisqualitätsmaße messen den Zusammenhang zwischen Rechnungslegungsgrößen und Marktdaten, wie z.B. Marktpreisveränderungen. Rechnungswesenbasierte Maße können allein aus Rechnungslegungsinformationen gewonnen werden, wie z.B. Ergebnisglättung oder Maßgeblichkeit für die Steuerbilanz.

2.2.1 Marktbasierte Maße (Market Based Measures)

Im Mittelpunkt dieser Arbeit steht die Wertrelevanz (engl. Value Relevance) als marktbasiertes Ergebnisqualitätskonzept. Sie stellt die gemeinsame Operationalisierung der Konzepte Relevanz (Relevance) und Verlässlichkeit (Reliability) aus dem Framework des IASB und FASB dar.[33] Wertrelevanzstudien ermöglichen hingegen die einzelne Messung von Relevanz oder Verlässlichkeit nicht. Im Sinne der Wertrelevanz weist ein Ergebnis dann eine hohe Qualität auf, wenn es mit Marktpreis (-veränderungen) hoch korreliert.[34]

Beim Vorsichtsmaß wird gemessen inwiefern negative Informationen schneller über das Rechnungslegungssystem an den Markt kommuniziert werden als positive

31 Vgl. Arya/Glover/Sunder (2003), S. 115.

32 Vgl. Goncharov (2005), S. 6.

33 Vgl. Barth/Beaver/Landsman (2001), S. 78. Kritisch zum Konzept von empirischen Wertrelevanzstudien äußern sich Holthausen/Watts (2001). Dort findet sich auch ein guter Überblick über empirische Arbeiten.

34 Vgl. Wagenhofer/Dücker (2007), S. 279.

Informationen. Intuitiv sollte ein größeres Ausmaß an Vorsicht (Conservatism) den Informationsgehalt der Ergebnisse vermindern, da negative Informationen stärker gewichtet werden und das Ergebnis somit tendenziell nach unten verzerrt wird. In der empirischen Literatur wird jedoch üblicherweise vom Gegenteil ausgegangen. Grund dafür ist, dass größere Vorsicht zumindest zu einer zeitnaheren Berücksichtigung von negativen Informationen führt.[35] Eine Messung kann über folgende Idee gelingen: Wenn man annimmt, dass ökonomische Gewinne und Verluste mit gleicher Wahrscheinlichkeit auftreten, und berücksichtigt, dass nur Verluste sofort in das Ergebnis eingehen, wird das Nettovermögen unter dem wahren Wert des Unternehmens liegen. Bei der Annahme von effizienten Märkten kann somit grundsätzlich das Kurs-Buchwert-Verhältnis als marktbasiertes Maß der Vorsicht genutzt werden.[36]

Das Konzept der Zeitnähe (Earnings Timeliness) baut auf der Idee auf, dass je rascher eine Information kommuniziert wird, diese umso relevanter sei. Grundidee dabei ist zu messen, ob ein bestimmter Ergebnisbericht den Investoren zusätzliche Informationen zur Marktpreisbildung liefert.[37] Dabei wird darauf abgestellt, ob es nach der Veröffentlichung einer solchen Information zu einer Marktpreisreaktion kommt. Je stärker die Marktpreisreaktion ausfällt, desto eher wird zumindest ein Teil der Information zeitnah zur Verfügung gestellt worden sein.

2.2.2 Rechnungswesenbasierte Maße (Accounting Based Measures)

Als Maße der Zeitreiheneigenschaften von Ergebnissen sind Beständigkeit (Persistence) und Prognosefähigkeit (Predictibility) zu nennen. Je weniger Ergebnisse im Zeitablauf schwanken, desto nachhaltiger und weniger riskant werden sie angesehen. Beständige Ergebnisse führen auch zu höheren Multiplikatoren in der Unternehmensbewertung.[38] Üblicherweise versuchen Unternehmen, bei der Präsentation der Ergebnisse einmalige Effekte zu eliminieren, um auf ein beständiges Ergebnis oder einen beständigen Ergebnistrend hinzuweisen. Prognosefähigkeit und Beständigkeit sind nah verwandt. Prognosefähigkeit misst die Aussagekraft eines Ergebnisses für Cashflows oder Ergebnisse der Zukunft.[39]

Die Idee bei rechnungswesenbasierten Vorsichtsmaßen ist, dass bei vorsichtiger Rechnungslegung Gewinne eine höhere Persistenz haben sollten als Verluste. Sie werden auf Basis von Ergebnissen oder der Periodenabgrenzungen gewonnen. So misst Basu (1997) die unterschiedliche Beständigkeit von positiven und negativen Ergebnissen. Grundsätzlich sollten über einen längeren Zeitraum die Summe der Cashflows und der Ergebnisse gleich hoch sein und somit die Periodenabgrenzungen

35 Vgl. Wagenhofer/Dücker (2007), S. 279.
36 So z.B. Beaver/Ryan (2000).
37 Vgl. Holthausen/Watts (2001), S. 6.
38 Vgl. Wagenhofer/Dücker (2007), S. 271.
39 Vgl. Lipe (1990), S. 50.

kumuliert als Null erwartet werden. Givolny und Hayn (2000) messen die kumulierten Periodenabgrenzungen wobei kumulierte negative Periodenabgrenzungen dann als vorsichtige Rechnungslegung interpretiert werden.

Ergebnisglättung (engl. Smoothing) wird mitunter selbst als rechnungswesenbasiertes Ergebnisqualitätsmaß herangezogen. Dabei vertreten einige Autoren die Ansicht, dass ein glatter Ergebnisstrom ein Anzeichen für niedrige Ergebnisqualität sei, da er die tatsächliche Ertragslage nicht wiedergebe (z.B. Leuz et al. (2003)). Eine andere Gruppe von Forschern sieht einen glatten Ergebnisstrom als Zeichen hoher Ergebnisqualität an, da sich die Bewertung durch die Erhöhung von Beständigkeit und Prognosefähigkeit vereinfache (z.B. Zarowin (2002)).

Das Maß der Verlustvermeidung resultiert aus der Beobachtung von Ergebnisverteilungen. Dabei stellen Burgstahler und Dichev (1997) fest, dass bei der ansonsten relativ gleichmäßigen Verteilung von Gewinnen und Verlusten eine Bruchstelle um die Null herum existiert. In dem leicht negativen Intervall finden sich deutlich weniger Ergebnisse als aufgrund der restlichen Verteilung zu erwarten wären. Sie folgern daraus, dass Unternehmen, die eigentlich geringe Verluste ausweisen müssten, Bilanzpolitik betreiben um die „schwarze Null" zu erreichen.

Die Qualität der Periodenabgrenzungen selbst stellt natürlich ein wichtiges Maß der Ergebnisqualität dar. Die Möglichkeiten der Messung umfassen die Höhe der diskretionären Periodenabgrenzungen, die Höhe der gesamten Periodenabgrenzungen (u.U. in Relation zum operativen Cashflow) und die Schätzfehler der Periodenabgrenzungen. Die Messung diskretionärer Periodenabgrenzungen wurde in Kapitel 2.1 erläutert. Sloan (1996) zeigt, dass Periodenabgrenzungen eine geringere Beständigkeit haben als Cashflows. Insofern handelt es sich bei der Messung der gesamten Periodenabgrenzungen in Relation zum Cashflow um ein an der Beständigkeit orientiertes Maß. Hohe Periodenabgrenzungen (im Verhältnis zum Cashflow) deuten dann auf eine niedrige Ergebnisqualität hin. Dechow und Dichev (2002) betrachten die Veränderungen der Periodenabgrenzungen, die das Working Capital betreffen. Der Teil der Veränderungen dieser Periodenabgrenzungen zwischen zwei Zeitpunkten, der nicht über den operativen Cashflow erklärt werden kann, ist dann der Schätzfehler.

Die (umgekehrte) Maßgeblichkeit für die Steuerbilanz stellt ein weiteres übliches rechnungswesenbasiertes Maß für Ergebnisqualität dar. Die Grundidee dabei ist, dass üblicherweise Rechnungslegungssysteme wie die IFRS oder das HGB mehr Wahlrechte bieten als das lokale Steuerrecht.[40] Als anekdotische Evidenz kann das Beispiel Enron gelten. Enron hatte für mehrere Jahre keine Steuern mehr bezahlt, bevor sie Gläubigerschutz nach dem US-amerikanischen Chapter 11 suchen mussten. Auffällig war, dass sie dabei hohe Gewinne in den Handelsbilanzen auswiesen.[41] In diesem Fall hätte eine Bilanzierung näher am Steuerrecht im Handelsrecht frühzeitiger eventuelle Warnzeichen gegeben. Mills und Newberry (2001) finden, dass Differenzen zwischen Handelsergebnis und Steuerergebnis aus verschiedenen

40 Vgl. Goncharov (2005), S. 14.
41 Vgl. Lev/Nissim (2002), S. 1.

Fehlberichtsanreizen resultieren, die auf das Management wirken. Diese Anreize messen sie indirekt z.B. anhand von Bonusplangrenzen oder des Vorjahresergebnisses.

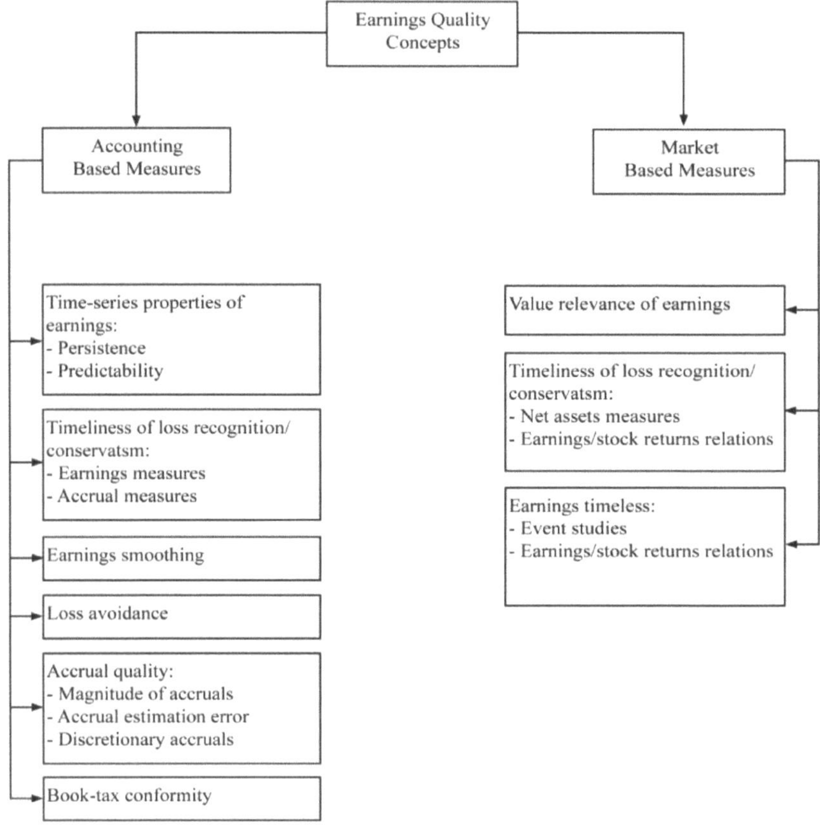

Abbildung 2-1 Übersicht über Ergebnisqualitätsmaße (entnommen Goncharov (2005), S. 7)

Eine Übersicht über Ergebnisqualitätskonzepte findet sich in Abbildung 2-1. Es wird auch deutlich, dass eine durchgeführte Bilanzpolitik nicht zwangsläufig die Ergebnisqualität eindeutig verändern muss. Z.B. kann eine bilanzpolitische Ausrichtung in Richtung Steuerrecht das rechnungslegungsbasierte Maß Maßgeblichkeit für die Steuerbilanz verbessern, jedoch unter Umständen das marktbasierte Maß Wertrelevanz für den Marktpreis verschlechtern. In der empirischen Literatur werden auch häufig verschiedene Maße für Ergebnisqualität zu einer neuen Maßgröße kombiniert, wobei darauf zu achten ist, dass diese Maße zueinander konsistent sein müssen.[42]

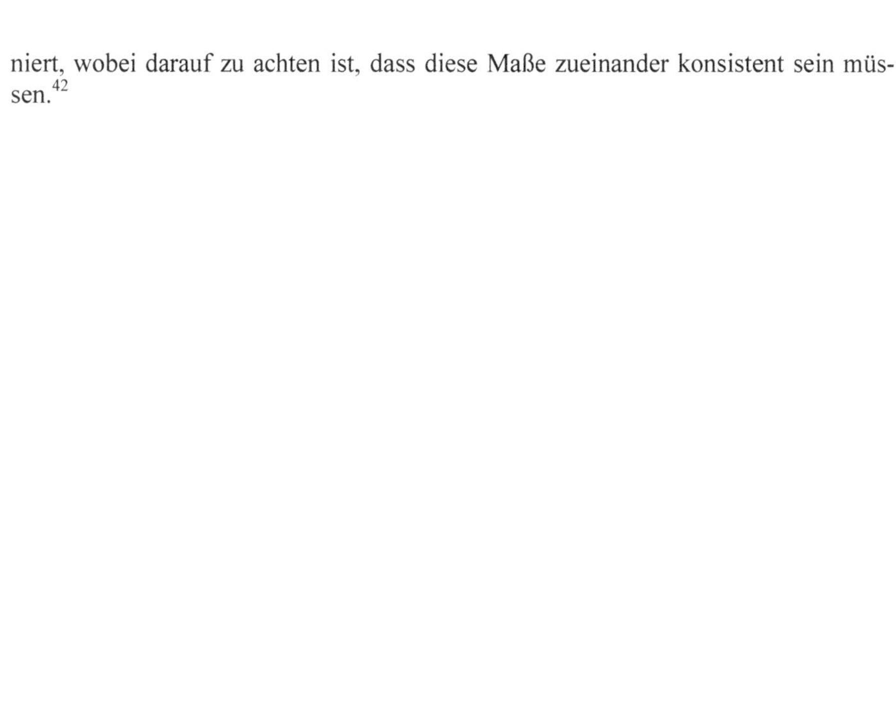

42 Vgl. Schipper (2003), S. 106.

3 Anreize zur Ergebnisglättung

3.1 Das Offenlegungsprinzip als Ordnungskriterium für Glättungsanreize

Im Folgenden Kapitel werden die in der Literatur relevanten Anreize zur Ergebnisglättung dargestellt. Dabei stehen modelltheoretische Ansätze im Vordergrund. Diese Modelle werden anhand der in ihnen angenommenen Durchbrechungen der Voraussetzungen für die Anwendbarkeit des Offenlegungsprinzips geordnet. Zur Erläuterung des Offenlegungsprinzips (Revelation Principle), das auf Myerson (1979) zurückgeht, sei vorab folgendes Beispiel betrachtet. In einem Standard-Agency-Modell gebe es einen Agenten, der einem Prinzipal ein Ergebnis berichten wird. Der Agent hat durch ein privates Signal über das Ergebnis einen Informationsvorteil. Im anfänglich betrachteten Vertrag erhalte der Agent einen Teil eines wahren Ergebnisses und konsumiere den Rest privat. Der Agent wird folglich immer das ihm minimal mögliche Ergebnis berichten, um so seinen Konsum zu maximieren. Das Offenlegungsprinzip besagt nun, dass, falls seine Vorraussetzungen erfüllt sind, der Vertrag durch einen ergebnisäquivalenten Vertrag ersetzt werden kann, bei dem es für den Agenten eine schwach dominante Strategie ist, die Wahrheit zu sagen. Im oben genannten Beispiel wäre der induzierte Vertrag einer, in dem der Agent 100% des Ergebnisses, unabhängig von seinem Bericht, behalten kann. In diesem Fall kann der Agent das wahre Ergebnis berichten und dennoch den maximal möglichen Betrag konsumieren. Der Anreiz zu Fehlberichterstattung ist (allerdings zu einem sehr hohen Preis) eliminiert.

Die Voraussetzungen für die Anwendbarkeit des Offenlegungsprinzips sind:[43]

- Unbeschränkte Berichterstattung,
- unbeschränkte Entlohnungsfunktion,
- unbeschränktes Precommitment.

Die Verletzung einer der Voraussetzungen des Offenlegungsprinzips ist keine notwendige Bedingung für Bilanzpolitik, da auch bei Vorlage des Offenlegungsprinzips der Agent indifferent ist, ob er wahrheitsgemäß berichtet oder nicht.[44] Allerdings ist der Bruch des Revelation Principles zumindest eine notwendige Bedingung für eine stark dominante Strategie zu Bilanzpolitik und damit auch für Ergebnisglättung.[45] Generell werden in der Literatur und in dieser Arbeit nur Modelle untersucht, in

43 Vgl. Dye (1988), S. 196, Arya/Glover/Sunder (1998), S. 10 ff.

44 Vgl. Ziv (1998), S. 37.

45 Alternativ kann man auch annehmen, dass der Agent bei Indifferenz immer wahrheitsgemäß berichten wird.

denen Ergebnisglättung als eine stark dominante Strategie erklärt werden soll. Insofern ist eine Betrachtung anhand des Offenlegungsprinzips bei diesen Modellen sinnvoll.

3.1.1 Beschränkte Berichterstattung

Die Bedingung „unbeschränkte Berichterstattung" setzt voraus, dass der Agent seine private Information vollständig und jederzeit kommunizieren kann. In der Praxis gibt es eine Reihe von Einschränkungen durch den Schutz der Privatsphäre, Kosten der Kommunikation und Interpretation des Signals sowie teilweise gesetzliche Regelungen. Darunter fallen z.B. arbeitsrechtlich nicht zulässige Fragen an Arbeitnehmer oder das Verbot der Veröffentlichung bestimmter Preisgestaltungen vor dem Hintergrund des Kartellrechts.[46]

Im Modell von Demski (1998) hat ein Manager in der ersten von zwei Perioden des Spiels die Wahl zwischen einer hohen und einer niedrigen Arbeitsanstrengung. Am Ende der beiden Perioden berichtet er jeweils ein Ergebnis an den Eigentümer/Prinzipal. Dieses Ergebnis kann er durch Bilanzpolitik verzerren, wobei sich durch den Grundsatz der Totalgewinnidentität die Bilanzpolitik in der zweiten Periode vollständig umkehrt. Wählt er die hohe Arbeitsanstrengung, so erhält er am Ende der ersten Periode bereits eine Information über das Ergebnis der zweiten Periode. Anderenfalls erhält er keine Information. Die Motivation des hohen Arbeitseinsatzes ist aus Sicht des Eigentümers aufgrund eines größeren produktiven Outputs wünschenswert. Die Kommunikation ist in diesem Modell beschränkt, da der Manager dem Eigentümer am Ende der ersten Periode keine Vorhersage über das Ergebnis der Periode 2 übermitteln kann. Demski (1998) zeigt nun, dass der Eigentümer dem Manager einen Vertrag anbieten wird, der den Manager für zwei identische Ergebnisberichte maximal belohnt. Grund dafür ist, dass diese Glättung (außer durch Zufall) nur bei hohem Arbeitseinsatz gelingt, da der Manager nur in diesem Fall am Ende von Periode 1 bereits das Ergebnis von Periode 2 kennt. Die Glättung wirkt hier als Kommunikationsmittel und kann die Kosten dafür senken, den Manager zu einem hohen Arbeitseinsatz zu motivieren. Die Sicht von Demski wird durch anekdotische Evidenz über die Aktionärsreaktionen auf das Verfehlen von Analystenschätzungen gestützt. Zudem zeigen Skinner und Sloan (2002), dass es selbst bei nur knappem Verfehlen von Schätzungen eine überproportional negative Marktpreisreaktion gibt.[47] Grund dafür könnte sein, dass der Markt aus dem Verfehlen der Schätzung Rückschlüsse auf die Fähigkeit (im obigen Modell wäre es die Arbeitsanstrengung) des Managers vornimmt.[48]

46 Vgl. Arya/Glover/Sunder (1998), S. 27.
47 Vgl. Skinner/Sloan (2002), S. 309.
48 Vgl. Arya/Glover/Sunder (2003), S. 113.

Im Modell von Fukui (1998) besteht das Ergebnis jeder Periode aus einem permanenten und einem transitorischen Teil. Ein Manager möchte in diesem Setting dem Markt lediglich den permanenten Ergebnisanteil berichten, da dieser kapitalisiert den wahren Unternehmenswert darstellt. Der Manager glättet die vorübergehenden Effekte heraus. Es wird angenommen, dass er beide Komponenten nicht getrennt voneinander berichten kann. Insofern ist die beschränkte Kommunikation auch hier gegeben. Weiterhin wird angenommen, dass der Manager keine Interessensdivergenz mit dem Eigner hat und somit kein originärer Fehlberichtsanreiz resultiert.

3.1.2 Beschränkte Vertragsgestaltung

Die zweite Bedingung „unbeschränkte Vertragsgestaltung" fordert, dass jede Entlohnungsfunktion möglich sein muss. Auch hier stehen in der Praxis z.B. arbeitsrechtliche Überlegungen oder das Insolvenzrecht im Weg. Zudem werden meist sehr einfache Entlohnungsfunktionen (wie z.B. lineare Funktionen) beobachtet. Insgesamt sind die Gründe für das Vorliegen dieser Entlohnungsfunktionen in der Praxis noch wenig bekannt.[49] Hier stehen lediglich die resultierenden Glättungseffekte daraus im Mittelpunkt.

3.1.2.1 Bonuskorridore als Glättungsanreiz

Healy (1983) identifiziert Gemeinsamkeiten in Bonusvereinbarungen für das Topmanagement über Firmengrenzen hinweg. Typischerweise wird ein maximaler prozentualer Anteil am Jahresergebnis nach Abzug eines Gewinnzieles als Bonuspool festgelegt. Aus diesem Bonuspool erfolgen dann die Zuteilungen an die einzelnen Managementmitglieder, wobei nicht verwendete Mittel u.U. im nächsten Jahr wieder dem Pool gutgeschrieben werden. Teilweise wird auch eine Obergrenze für den Bonuspool festgelegt. In diesen Fällen ergibt sich zusammen mit der unteren Begrenzung durch das Gewinnziel ein Bonuskorridor, der definiert ist durch:

$$B_t = h_t\{Min(O', Max((m_t - L_t), 0))\}.$$

Dabei ist B_t die Summe des Bonuspools, O' [50] die Obergrenze (Cap) für die Übererfüllung des Gewinnziels und L_t das Gewinnziel. Dabei ist $O = O' + L$ das Bonusplanlimit, h_t [51] der prozentuale Anteil, der davon in den Bonuspool fließt und m_t [52]

49 Vgl. Lambert (2001), S. 75.

50 Im Original U'.

51 Im Originaltext heißt diese Variable p_t. Generell erfolgt die Umbenennung von Symbolen aus Vereinheitlichungsgründen innerhalb der Arbeit.

52 Im Original E_t.

ist das vom Manager berichtete Ergebnis. Der Vertrag entspricht dem Kauf einer Calloption auf das Jahresergebnis mit einem Ausübungspreis in Höhe des Gewinnzieles und dem gleichzeitigen Verkauf einer Calloption mit der Obergrenze als Ausübungspreis.[53]

Es werden folgende Annahmen getroffen:

- das Unternehmen besteht aus einem risikoaversen Manager und einem oder mehreren Eignern,
- das Modell umfasst zwei Perioden,
- die Obergrenze, der prozentuale Anteil und das Gewinnziel bleiben intertemporal konstant,
- der Bonuspool kommt jedes Jahr voll zur Ausschüttung,
- die Investitions- und Produktionsentscheidungen des Unternehmens sind exogen gegeben,
- der Manager kann aufgrund interner und externer Kontrollen maximal den Betrag K bzw. –K durch Wahl der Bilanzpolitik b zwischen den Perioden verschieben. Es gilt der Grundsatz der Totalgewinnidentität.

Die Ergebnisse des Modells finden sich in Abbildung 3-1wieder. Folgende Fälle sind möglich:

Fall 1:

Am Ende der Periode 1 wird der Manager als Bilanzpolitik –K wählen, wenn das Jahresergebnis vor Bilanzpolitik y_1 kleiner ist als L'. Im Bereich $y_1 < L - K$ kann der Manager selbst mit der Wahl von +K keine Bonuszahlung erreichen, da er unterhalb des Bonuskorridors liegt. Er wählt also –K, um den Erwartungswert seiner Zahlung in Periode 2 zu maximieren. Im Bereich $L - K < y_1 < L + K$ liegt das Ergebnis vor Bilanzpolitik innerhalb von K vom Gewinnziel L entfernt. In diesem Bereich wird der Manager als Bilanzpolitik entweder –K oder +K wählen. Hier wählt der Manager also in jedem Fall die Big Bath Strategie. Es unterscheidet sich lediglich die Periode, in der er das Big Bath nimmt. Wählt er –K, erhält er keinen Bonus in Periode 1, aber maximiert seinen erwarteten Bonus in Periode 2. Wählt er +K, erhält er einen Bonus in Periode 1, aber opfert einen Teil seines erwarteten Bonus in Periode 2. Es handelt sich also um einen Trade-off zwischen dem Barwert und den Sicherheitsvorteilen eines Bonus in Periode 1 und dem erwarteten Bonus in Periode 2. Die Grenze L', die durch diesen Trade-off bestimmt wird, ist abhängig vom erwarteten Ergebnis vor Bilanzpolitik in Periode 2, dem Zinssatz und der Risikoaversion des Managers.[54]

53 Vgl. Healy (1983), S. 17.

54 Vgl. Healy (1983), S. 29. Zudem kann L' auch unterhalb von L liegen kann. Dies ist abhängig vom erwarteten Ergebnis vor Bilanzpolitik für Periode 2.

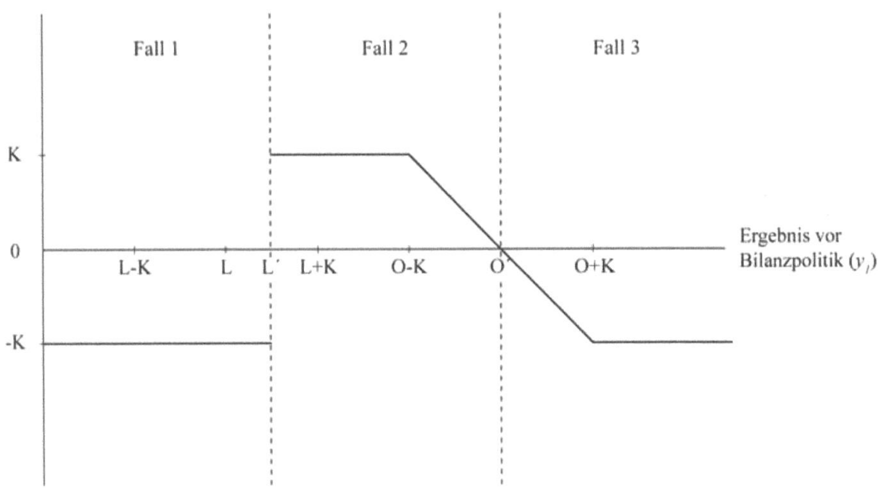

Abbildung 3-1 Wahl der Bilanzpolitik am Ende der Periode 1 (entnommen Healy (1985), S. 90.)

Fall 2:

Der erste Bereich von L' bis $L+K$ wurde bereits unter Fall 1 diskutiert. Hier wählt der Manager die maximal mögliche Bilanzpolitik +K in Periode 1. Er wird dies mit steigendem y_1 weiter solange wählen, wie gilt: $y_1 < O-K$. Für größere y_1 ist die Wahl von +K unvorteilhaft, da er das Ergebnis über die Obergrenze O hinaus anheben würde. Für alle Einheiten, die über der Grenze O liegen, würde der Manager aber keinen zusätzlichen Bonus erhalten. Somit „spart" er diesen Teil der maximal möglichen positiven Bilanzpolitik für die Periode 2. Für $y_1 > O-K$ wählt er somit als Bilanzpolitik $O-y_1$.

Fall 3:

Im Fall 3 wird der Manager in der ersten Periode das Ergebnis durch negative Bilanzpolitik mindern, da $y_1 \geq O$ gilt. Er erhält also ohnehin bereits den maximalen Bonus. Er wird dann jede „überschüssige" Einheit vom Ergebnis in die nächste Periode verschieben. Der Manager wählt also als Bilanzpolitik $y_1 - O$ solange $y_1 < O+K$. Für $y_1 > O+K$ wählt er mit –K die maximale negative Periodenverschiebung des Ergebnisses, da der Bonus in Periode 1 bereits maximal ist und er durch die Verschiebung den Bonus in Periode 2 erhöhen kann.

Insgesamt lässt sich festhalten, dass Manager in diesem Umfeld unter gewissen Umständen einen Anreiz haben das Ergebnis über mehrere Perioden so zu glätten, dass es innerhalb des Bonuskorridors liegt. In Kapitel 3.1.2.1 wurde festgestellt, dass Bonuscaps immer noch eine wesentliche Komponente in der Bezahlung von Vorständen sind. Healy (1983) untersucht diese Anreize ebenfalls empirisch. Er kommt zu folgenden Ergebnissen: 1. Firmen mit Bonuscaps haben bei Erreichen dieser Caps eher negative Periodenabgrenzungen als Firmen mit vergleichbarer Performance ohne Bonuscaps. 2. Negative Periodenabgrenzungen kommen ebenfalls häufiger vor wenn das untere Bonusziel nicht erreicht werden kann.[55] Untersuchungen von Holthausen et al. (1995) und Guidry et al. (1999) zeigen ähnliche Ergebnisse und stützten die Glättungshypothese aufgrund von Bonuscaps weiter.[56]

Grundsätzlich zeigen Baiman und Rajan (1995) Bedingungen auf unter denen der Einsatz eines Bonuspools als Entlohnungskomponente zu einer strikten Pareto-Verbesserung führt. Ungeklärt ist allerdings, warum rationale Investoren Managern Verträge mit Bonusobergrenzen anbieten sollten. Eine mögliche Erklärung ist, dass Manager nur in einem gewissen Maße das Gesamtergebnis durch ihre Leistung verbessern können. Sie sollen keinen übermäßigen Anteil an positiven exogenen Schocks vereinnahmen können. Ebenfalls sollen damit kurzsichtige Gewinnsteigerungen auf Kosten der Langfristperspektive begrenzt werden.[57]

Grob gesagt ist es für einen Glättungsanreiz hinreichend, wenn der Nutzen des Managers streng konkav in seinem Bericht steigt.[58]

3.1.2.2 Konsumglättung als Glättungsanreiz

Einige zweiperiodige Prinzipal-Agent-Modelle nehmen vereinfachend an, dass der Agent seinen vom berichteten Ergebnis abhängigen Lohn in jeder Periode voll konsumiert. Ihm bleibt der Zugang zum Kapitalmarkt versperrt. Ceteris paribus (c.p.) wird sein Berichtsverhalten von seinem Anreiz abhängen den Grenznutzen des Konsums in der ersten Periode mit dem erwarteten Grenznutzen in der Folgeperiode anzugleichen.[59] Der Agent kann seinen Konsumstrom nur über Bilanzpolitik steuern.

Wenn der Agent das Risiko der zukünftigen Entlohnung berücksichtigt kann ein risikoaverser Agent seinen Nutzen durch Gewinnglättung erhöhen. Modellierungen

55 Vgl. Healy (1983), S. 92.

56 Holthausen/Larcker/Sloan (1995) finden nur den Zusammenhang, dass Manager das Ergebnis eher nach unten manipulieren, wenn der Bonus das Maximum erreicht hat. „Big Bath“ am unteren Ende des Bonuskorridors finden sie hingegen nicht und schließen zudem, dass dieses Ergebnis auf die Struktur der Untersuchung von Healy (1983) zurückzuführen ist. Vgl. Holthausen/Larcker/Sloan (1995) S. 65. Guidry/Leone/Rock (1999) stützen mit dem Ergebnis, dass bei Nichterreichen des Gewinnziels ebenfalls eher negative Periodenabgrenzungen gewählt werden hingegen auch die „Big Bath“ Hypothese.

57 Vgl. Merchant (1989), S. 145 ff.

58 Vgl. Fudenberg/Tirole (1995), S. 76.

59 Vgl. Lambert (2001), S. 74.

mit linearer Entlohnungsfunktion finden sich bei Dye (1988) und Haas (2000). Beide Modelle nehmen weiterhin eine additive separable Nutzenfunktion des Agenten an. Die Beschränkung auf lineare Verträge, die nur vom aktuellen Periodenergebnis abhängen, stellt dort den Bruch des Offenlegungsprinzips dar. Der Agent wird ungewöhnlich hohe Ergebnisse der Periode 1 untertreiben und bei ungewöhnlich niedrigen Ergebnissen sich einen Teil des wahrscheinlichen Ergebnisses der Periode 2 leihen. Selbst wenn der Manager in diesem linearen Setting einen Zugang zum Kapitalmarkt hat, wird der Anreiz zur Gewinnglättung erst dann eliminiert, wenn der Zinssatz, zu dem der Manager Geld anlegen kann, der risikoadjustierten Rendite aus der Ergebnisglättung entspricht.[60] Auch bei diesem Zinssatz wird der Manager, wenn sein Konsum in Periode 1 seinen Lohn auf Basis des wahren Ergebnisses übersteigen würde, die Konsumglättung über Ergebnisglättung betreiben, da er dadurch im Gegensatz zum Kapitalmarkt zinslos leihen kann. Es ist zu vermuten, dass die in der Praxis anzutreffende Gewährung von zinsgünstigen Krediten an Mitarbeiter zumindest auch diesem Fehlanreiz entgegen wirken soll.

Bei Lambert (1984) glättet ein risikoaverser Manager ohne Kapitalmarktzugang den Ergebnisstrom ebenfalls um sich zu versichern. Allerdings erreicht er dies in Abgrenzung zu Dye (1988) und Haas (2000) nicht über buchmäßige Bilanzpolitik, sondern über die Wahl seines Arbeitseinsatzes.

Insgesamt kann aus diesen Modellen für höhere Risikoaversion ein stärkerer Glättungsanreiz erwartet werden. Abdel-Khalik (2007) untersucht empirisch den Zusammenhang zwischen Risikoaversion und der Volatilität von Ergebnissen. Risikoaversion wird dabei auf zwei verschiedene Weisen gemessen. Einerseits wird eine absolute abnehmende Risikoaversion bezogen auf das Vermögen des Managers unterstellt (wobei nur der Anteil des Managers am Unternehmen berücksichtigt wird). Andererseits wird das Verhältnis von fixen zu variablen Vergütungsbestandteilen als Maß für die Risikoaversion genutzt. Für beide Maße ergibt sich qualitativ das gleiche Ergebnis. Es zeigt, dass eine negative Korrelation zwischen der Risikoaversion des Managers und der Volatilität der Ergebnisse besteht.[61]

3.1.2.3 Marktpreismaximierung als Glättungsanreiz

Goel und Thakor (2003) beschreiben in ihrem Modell den Anreiz eines risikoneutralen Managers den Ergebnisstrom aus Interesse an einem möglichst hohen Marktpreis zu glätten. Im Unterschied zu den bisher besprochenen Modellen erhalten die Investoren den Bericht des Managers nicht kostenlos. Vielmehr können sie entscheiden, ob sie Kosten der Informationsverarbeitung auf sich nehmen oder im anderen Fall uninformiert bleiben. Einige Investoren, von denen angenommen wird, dass sie überwiegend bereits Aktionäre sind, müssen aufgrund eines exogenen Liquiditätsschocks ihre Aktien verkaufen. Durch den Handel mit informierten Investoren müs-

60 Vgl. Dye (1988), S. 224 f.
61 Vgl. Abdel-Khalik (2007), S. 232.

sen sie im Erwartungswert Verluste hinnehmen. Durch perfekten Wettbewerb wird der erwartete Gewinn der informierten Investoren genau den Informationskosten entsprechen. Schlüssel zur Analyse ist, dass bei einer hohen Volatilität der wahren Ergebnisse die Information über das Ergebnis wertvoller wird und sich daher mehr Investoren entscheiden werden, sich zu informieren. Dies bedeutet höhere erwartete Verluste für uninformierte Investoren.[62] Insgesamt werden Investoren mithin weniger für Unternehmen bezahlen, die stark schwankende Ergebnisse haben. Der Manager, wird im Modell angenommen, zieht seinen Nutzen aus einem hohen Marktpreis. Diese Beschränkung stellt zugleich den Bruch des Offenlegungsprinzips dar. Er wird also die Ergebnisse glätten, um den Marktpreis des Unternehmens zu maximieren. Im Gleichgewicht erwarten die Investoren vom Manager aber genau dieses Verhalten und werden nicht getäuscht. Andererseits kann der Manager sich nicht glaubwürdig zu wahrheitsgemäßer Berichterstattung verpflichten (sie wird von ihm erwartet und der Marktpreis darum angepasst) und somit wäre es suboptimal von der Glättungspolitik abzuweichen.

Kirschenheiter und Melumad (2002) untersuchen ebenfalls ein Modell, in dem der Manager versucht durch Glättung einen möglichst hohen Marktpreis für das Unternehmen zu erzielen. In ihrem zweiperiodigem Modell beobachtet der Manager ein Ergebnis, dass aus einem permanenten und einem transitorischen Teil besteht. Die Präzision (Kehrwert der Varianz) des vom Manager beobachteten Ergebnisses ist ex-ante unbekannt, der Erwartungswert bekannt. Die Investoren bewerten das Unternehmen auf Basis des permanenten Ergebnisses. Dabei berücksichtigen sie evtl. Fehlberichtsanreize des Managers. Aus einem höheren Bericht des Managers folgern sie ceteris paribus ein höheres permanentes Ergebnis. Zudem schließen sie aus einer höheren ex-post Abweichung des Berichts vom Erwartungswert ceteris paribus auf eine niedrigere Präzision und berücksichtigen damit den Bericht weniger stark in der Preisbildung. Kirschenheiter und Melumad (2002) zeigen dann, dass eine Gleichgewichtslösung existiert, in der der Manager für negative Ergebnisüberraschungen die größtmögliche Gewinnminimierung betreibt. Grund dafür ist, dass der Markt aufgrund der hohen Abweichung des Berichts vom Erwartungswert dem Bericht wenig Gewicht beimessen wird und der Manager in der nächsten Periode (aufgrund des Grundsatzes der Totalgewinnidentität) eine höhere Chance auf ein positives Ergebnis hat. Ansonsten glättet der Manager hinreichend gute Ergebnisse über die Perioden, um sie durch weniger Abweichung vom Erwartungswert glaubwürdiger zu machen und so einen höheren Marktpreis zu erreichen. Die Ansicht, dass die Volatilität von Gewinngrößen Aktienpreise beeinflusst, wird von den Unternehmenslenkern weitgehend geteilt.[63]

62 Vgl. Goel/Thakor (2003), S. 153.

63 Vgl. Umfrage der RiskMetricsGroup (1999), S. 3 und Graham/Harvey/Rajgopal (2006), S. 11.

3.1.3 Beschränktes Precommitment

Die dritte Voraussetzung für die Anwendbarkeit des Offenlegungsprinzips ist „die glaubwürdige Verpflichtungsmöglichkeit des Prinzipals, den Bericht des Agenten in einer im Vertrag festgelegten Weise zu verwenden.“[64]

3.1.3.1 Rente des Etablierten als Glättungsanreiz

Im zweiperiodigen Modell von Fudenberg und Tirole (1995) vereinnahmt ein risikoaverser Manager so lange einen privaten Vorteil, wie sein Vertrag mit dem Unternehmen läuft. Diese Rente des Etablierten (Incumbency Rent) stellt seinen einzigen Entlohnungsbestandteil dar und er reagiert auch nicht auf andere monetäre Anreize. Er ist unendlich risikoavers. Der Eigner kann sich auf der anderen Seite nicht zu einem langfristigen Vertrag verpflichten (Bruch des Offenlegungsprinzips) und ist an einem hohen Marktpreis am Ende des Spiels interessiert. Risikoneutrale Investoren bewerten das Unternehmen am Ende der zweiten Periode auf Basis der beiden Periodenergebnisse. Entscheidend ist dabei, dass sie dem aktuelleren Ergebnis der Periode 2 mehr Gewicht beimessen als dem Ergebnis der Periode 1. Bei einem schlechten Ergebnis droht dem Manager die Entlassung und somit der Verlust seiner Rente.[65] Fudenberg und Tirole (1995) zeigen auf Basis dieser Annahmen, dass der Manager in schlechten Zeiten das Ergebnis nach oben manipulieren wird, um einer Entlassung zu entgehen. In guten Zeiten wird er hingegen das Ergebnis untertreiben, um so für die nächste Periode, in der dieser transferierte Anteil einen größeren Nutzen stiftet, zu sparen.[66]

Empirische Ergebnisse von DeFond und Park (1997) stützen die Vorhersagen des Modells. DeFond und Park (1997) messen zu diesem Zweck die diskretionären Periodenabgrenzungen mit Hilfe einer Modifikation des Jones Modells (siehe Kapitel 2.1) und stellen diese dem jeweiligen für das Unternehmen unterstellten Anreiz aus dem Modell Theorie von Fudenberg und Tirole (1995) gegenüber. Sie vergleichen das aktuelle Ergebnis für das Unternehmen mit dem für die Branche geltenden Median, um zu bestimmen, ob es sich um ein relativ gutes oder schlechtes aktuelles Periodenergebnis handelt. Als Maß für die zukünftige Erwartung des Managements über ein vergleichsweise gutes oder schlechtes Ergebnis vergleichen sie die jeweilige Analystenschätzung für die nächste Periode mit dem entsprechenden Median. In der Untersuchung zeigt sich tatsächlich für 89% der Firmen, von denen Glättung erwartet wird, Bilanzpolitik entsprechend den oben geschilderten Anreizen.[67]

64 Wagenhofer/Ewert (2003), S. 265.

65 Der Zusammenhang zwischen außerordentlichen Managerentlassungen und schlechter „Performance“ wird u.a. bei Murphy/Zimmermann (1993) und Weisbach (1988) dokumentiert.

66 Vgl. Fudenberg/Tirole (1995), S. 77.

67 Vgl. DeFond/Park (1997), S. 137.

3.1.3.2 Senkung der Fremdkapitalkosten als Glättungsanreiz

Bereits früh wurde in der Rechnungslegungsliteratur auf den Anreiz hingewiesen, Ergebnisse zu glätten, um besseren Kreditzugang zu erreichen.[68] Trueman und Titman (1988) zeigen dies auch modelltheoretisch. Die Idee lässt sich folgendermaßen verkürzt darstellen:[69] Es gebe zwei Typen von Unternehmen, sichere und riskante. Das sichere Unternehmen erzeugt immer ein Ergebnis, das ausreicht, um Zinsen und Tilgung bei einer Kreditaufnahme zu bedienen. Das riskante Unternehmen hingegen verdient entweder sehr viel oder gar nichts. Die Unternehmen berichten zwei Perioden und nehmen am Ende der dritten Periode einen Kredit auf. Wenn die Bank ein Unternehmen mit stark schwankenden Ergebnissen beobachtet, schließt sie daraus, dass es sich um ein riskantes Unternehmen handelt und verlangt aufgrund des höheren Ausfallrisikos einen höheren Kreditzins. Riskante Unternehmen werden ihren Ergebnisstrom glätten und somit günstigeres Fremdkapital aufnehmen können. Die Bank kann dieses Verhalten zwar antizipieren, jedoch nicht mehr zwischen sicheren und unsicheren Unternehmen unterscheiden. Mithin wird sie einen Durchschnittszinssatz von allen Unternehmen fordern, der über dem Zinssatz für ein sicheres Unternehmen liegt. In diesem Nullsummenspiel bereichern sich riskante Firmen auf Kosten von sicheren Firmen. Könnte der Kreditgeber sich glaubwürdig verpflichten den Zinssatz lediglich auf Basis der Summe der Ergebnisse beider Perioden zu bilden, wäre das Offenlegungsprinzip nicht gebrochen und der Fehlanreiz zur Glättung eliminiert.[70] Kritisch zu sehen an dieser Modellerklärung ist vor allem, dass der Glättungsanreiz im Modell exogen (durch eine exogen gegebene Fremdkapitalaufnahme) entsteht.[71]

68 Vgl. Sanders/Hatfield/Moore (1938), S. 18.
69 Vgl. Arya/Glover/Sunder (1998), S. 15 f.
70 Vgl. Arya/Glover/Sunder (1998), S. 16.
71 Vgl. Newman (1988), S. 141.

3.1.3.3 Übervorteilung sonstiger Drittparteien

Als weitere denkbare Gründe für Ergebnisglättung spricht Hepworth (1953) Steuern oder die Forderung nach Lohnerhöhungen von Arbeitern an. Er unterstellt, dass insbesondere starke Ergebnissprünge nach oben überproportional höhere Lohnforderungen nach sich ziehen.[72] Unter steuerlichen Gesichtspunkten kann die Ergebnisglättung u.U. bei Änderungen im Steuerrecht interessant sein. Jedenfalls ist Ergebnisglättung bei einem progressiven Ertragssteuertarif vorteilhaft. „Steuerminimal ist dabei eine Angleichung der Jahresergebnisse unter Berücksichtigung der Zinseffekte, die zum Kriterium „Gleichheit der Barwerte der Grenzsteuersätze“ führt“.[73] Rozycki (1997) wendet diese Argumentation auf Dividendenzahlungen und die beim Investor anfallende persönliche Einkommensteuer an.[74] Ein glatter Dividendenstrom ist hier steuerminimal. Ein glatter Dividendenstrom lässt sich wiederum einfacher mit einem glatteren Ergebnisstrom erreichen.[75]

3.2 Zwischenfazit und empirische Evidenz

Manager haben u.a. aus privatem Nutzen sowie fixen, variablen und aktienbasierten Vergütungsbestandteilen in mehrerer Hinsicht Anreize zu Ergebnisglättung. Eine Übersicht über die modelltheoretisch angesprochenen Anreize findet sich in Tabelle 3-1. In den angesprochenen Modellen wird selten die Interaktion dieser Anreize mit anderen Anreizen wie der Marktpreismaximierung untersucht. Auch bleiben Bewertungsfragen (Investorensicht) sowie die Frage nach dem institutionellen Rahmen (Standardsetting) weitgehend unbeantwortet. Abgesehen von den genannten, den einzelnen Glättungsanreizen zugeordneten empirischen Untersuchungen, lassen sich noch eine Reihe anderer empirischer Studien nennen. So wurde zum Beispiel bei Banken untersucht, ob diese die Kreditausfallrückstellungen als Instrument zur Ergebnisglättung nutzen, da der Schätzcharakter der Rückstellung dies leicht ermöglicht.[76] Diese Hypothese wird u.a. durch die Ergebnisse von Collins et al. (1995) gestützt. Ahmed et al. (1999) hingegen finden in ihrer Untersuchung keinen Hinweis auf Ergebnisglättung mit Kreditausfallrückstellungen. Eine mögliche Erklärung für die unterschiedlichen Ergebnisse ist, dass Datensätze aus verschiedenen Zeiträumen genutzt wurden und z.B. die Möglichkeit zu Bilanzpolitik über die Zeit variieren könnte.[77]

72 Vgl. Hepworth (1953), S. 33.
73 Wagenhofer/Ewert (2003), S. 207. Dort wird auch auf Wagner (1999), S. 497 f. verwiesen.
74 Lintner (1956) weist Dividendenglättung empirisch nach.
75 Vgl. Beidleman (1973), S. 654.
76 Vgl. Greenawalt/Sinkey (1988), S. 304.
77 Vgl. Wall/Koch (2000), S. 11 f.

Autor	Glättungsanreiz	Bruch des Offen-legungsprinzips	Empirisch gestützt durch
Demski (1998)	Kommunikation des Arbeits-einsatzes	Beschränkte Berichterstattung	Skinner/Sloan (2002)
Fukui (1998)	Kommunikation des persistenten Ergebnisses	Beschränkte Berichterstattung	
Healy (1983)	Reaktion auf Bonusober und -untergrenzen	Beschränkte Vertragsgestaltung	Healy (1983), Holt-hausen et. al. (1995), Guidry et al. (1999)
Goel/Thakor (2003), Kirschenheiter/Meldumad (2002)	Maximierung des Marktpreises	Beschränkte Vertragsgestaltung	RiskMetrics Group (1999)
Lambert (1984), Dye (1988)	Persönliche Konsumglättung	Beschränkte Vertragsgestaltung	Abdel-Khalik (2007)
Fudenberg/Tirole (1995)	Erhalt der Rente des Etablierten	Beschränktes Precommittment	DeFond/Park (1997)
Hepworth (1953)	Übervorteilung von Drittparteien (z.B. Gewerkschaften) sowie Reak-tion auf progressive Steuertarife	Beschränktes Precommittment	
Trueman/Titman (1988)	Günstige Fremdfinanzierung	Beschränktes Precommittment	

Tabelle 3-1 Zusammenfassung der Glättungsanreize

Konkret beinhalten die Studien teilweise Daten aus der Übergangsphase zu Basel 1, das durch regulatorische Mindestkapitalisierungsvorschriften das Umfeld von Banken stark verändert hat. Greenawalt und Sinkey (1988) kommen mit Daten vor der Übergangsphase und Rivard et al. (2003) mit Daten nach der Übergangsphase zum Ergebnis, dass Banken die Kreditausfallrückstellung zur Ergebnisglättung nutzen.

Interessant ist auch die Sicht von Finanzvorständen auf Glättungsanreize. Graham et al. (2006) befragten in einer Studie Finanzvorstände von 401 Unternehmen zu verschiedenen Fragestellungen im Zusammenhang mit Anreizen zu Bilanzpolitik. Wie bereits eingangs erwähnt, bevorzugen nahezu alle Finanzvorstände (96,9%) einen glatten Ergebnisstrom. Als wichtigste Gründe wurden genannt, dass Investoren das Unternehmen als weniger riskant wahrnehmen würden und dass Glättung Analystenschätzungen erleichtere. Eine höhere Vorhersagbarkeit wird aus ihrer Sicht mit einem höheren Marktpreis belohnt.[78] Eine Übersicht über die Beweggründe der CFOs zu Glättung findet sich in Abbildung 3-2.

78 Vgl. Graham/Harvey/Rajgopal (2006), S. 11.

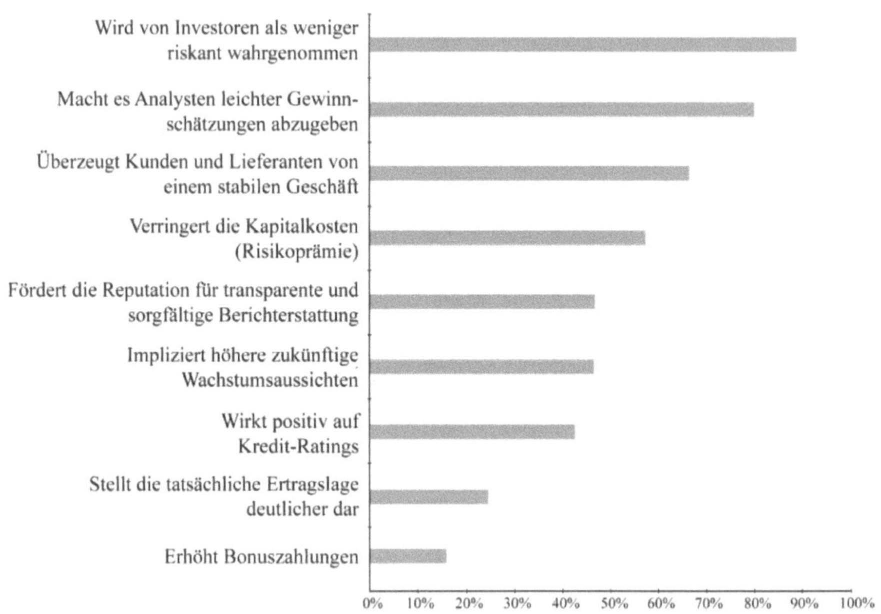

Abbildung 3-2 Glättungsanreize gemäß befragter CFOs (entnommen Graham/Harvey/Rajgopal (2006), S. 11.)

Auffällig ist, dass am stärksten vor allem solche Gründe genannt werden, von denen sich die CFOs einen höheren Marktpreis für das Unternehmen versprechen. Zudem gibt die Mehrzahl der Manager an, dass Bonuszahlungen keine Rolle als Anreiz zu Ergebnisglättung spielen. Dies könnte allerdings mit strategischem Antwortverhalten bei der Untersuchung zu tun haben, da Fragen zur Entlohnung bei empirischen Untersuchungen nicht immer zu eindeutigen Ergebnissen führen.[79] In derselben Studie werden die CFOs ebenfalls befragt, wie viel sie opfern würden, um einen glatten Ergebnisstrom zu erreichen. Immerhin 78% geben an, dass sie ein kleines, mittleres oder großes Opfer erbringen würden, um zu glätten. Die Verteilung der Opferbereitschaft findet sich in Abbildung 3-3. Opfer bedeutet in diesem Zusammenhang, dass durch ökonomisch suboptimales Vorgehen (z.B. durch reale Bilanzpolitik) ein geringer Unternehmenswertverlust in Kauf genommen wird.

Insgesamt muss in Theorie und Praxis von der Existenz von Glättungsanreizen ausgegangen werden. Die damit verbundenen Implikationen für die Marktpreisbildung und für angemessene Spielräume in einem Rechnungslegungssystem (Kosten

79 Vgl. Graham/Harvey/Rajgopal (2005), S. 44.

der Bilanzpolitik) sollen nun in den folgenden beiden Kapiteln der Arbeit untersucht werden. Maßstab soll dafür das Ergebnisqualitätskonzept der Wertrelevanz sein.

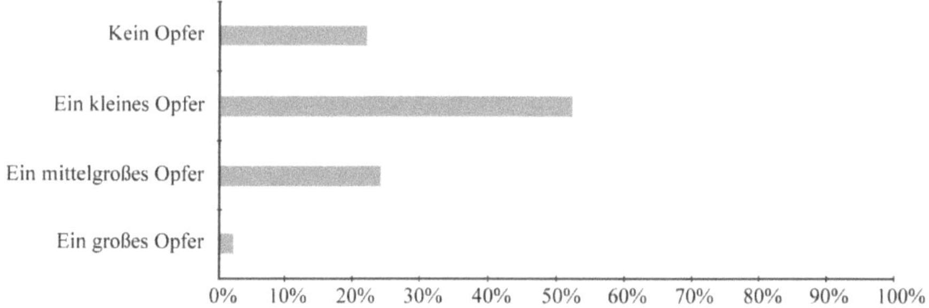

Abbildung 3-3 Befragung:" Welches Opfer würde ein CFO erbringen um einen volatilen Ergebnisstrom zu vermeiden?" (entnommen Graham/Harvey/Rajgopal (2006), S. 13.)

4 Wertrelevanz von Berichten

4.1 Einführung

In den folgenden Modellbetrachtungen wird von einem linearen Zusammenhang zwischen dem Bericht eines Managers (Jahres- oder Quartalsergebnisse) und dem sich bildenden Marktpreis ausgegangen.[80] Dort stellt die Steigung der Geraden die Wertrelevanz dar, die der Bericht für die Preisbildung hat. Sie misst die Stärke des Zusammenhangs zwischen Bericht und Preis.[81] In diesem Sinne steht sie im Mittelpunkt der folgenden modelltheoretischen Untersuchungen.

In früheren Modellen zur Untersuchung von Bilanzpolitik wie bei Stein (1989) oder Narayanan (1985) stand die Wertrelevanz aufgrund der dort angenommenen sicheren Zielfunktion des Managers nicht im Vordergrund. Die Intuition des Modells von Stein (1989) lässt sich stark verkürzt folgendermaßen darstellen: Nach Beobachtung eines wahren Ergebnisses nur durch den Manager, berichtet dieser einen (durch Bilanzpolitik) verzerrten Bericht an einen Investor. Der Manager hat dabei einen, auch dem Investor bekannten, sicheren Anreiz (Übertreibung oder Untertreibung). Verzerrungsaktivitäten verursachen dem Manager Kosten. Da die Investoren den Anreiz des Managers zur Verzerrung kennen, können sie diesen perfekt herausrechnen. Der Manager kann keinen Nutzen aus der Verzerrung ziehen, da sich als Marktpreis der tatsächliche innere Wert des Unternehmens einstellt. Auf der anderen Seite muss er dennoch im Gleichgewicht verzerren, da der Markt dies von ihm erwartet und er sich nicht glaubwürdig zur wahrheitsgemäßen Berichterstattung verpflichten kann. Der Manager gewinnt mithin nichts durch seine Verzerrungsaktivität sondern hat lediglich Kosten. Dies wird auch als „shoot oneself in the foot“ Verhalten bezeichnet.[82] In einer Situation ohne Verzerrungsmöglichkeiten würde sich der Manager besser stellen.

Fischer und Verrechia (2000) führen eine unsichere Zielfunktion des Managers ein. Dabei ist ex-ante unsicher, ob der Manager Interesse an einem möglichst hohen oder niedrigen Marktpreis hat. Anhand eines einperiodigen Modells führen sie komparativ statische Betrachtungen für den Einfluss von verschiedenen Faktoren auf die Wertrelevanz durch. Zudem zeigen sie, dass Manager sich mit der Möglichkeit zur Verzerrung bei einer unsicheren Zielfunktion besser stellen, da ihre Verzerrung nicht vollständig vom Markt antizipiert und in der Folge eliminiert werden kann. Die

80 In modelltheoretischen Untersuchungen werden häufig lineare Zusammenhänge angenommen. Gründe hierfür sind vor allem, dass die Spieler einfachen Strategien folgen und man überzeugende Einsichten gewinnen kann. Vgl. Fischer/Verrechia (2000), S. 234.

81 Diese Definition folgt Barth/Beaver/Landsman (2001), die dies nicht auf lineare Zusammenhänge beschränken. Vgl. ebenda, S. 79.

82 Vgl. Fischer/Verrechia (2000), S. 230.

Annahme, dass das Marktpreisinteresse des Managers für den Markt nicht bekannt ist, erscheint realistisch. Anderenfalls müssten den Marktteilnehmern zu jedem Zeitpunkt die genaue Struktur der Managerentlohnung, seine Zeitpräferenz, Risikoaversion sowie jede weitere Anreizkomponente bekannt sein.[83]

Ewert und Wagenhofer (2005) erweitern dieses Modell in zweierlei Hinsicht. Das Modell wird auf zwei Perioden erweitert, wobei die Gültigkeit des Grundsatzes der Totalgewinnidentität unterstellt wird. Zusätzlich unterscheiden sie zwischen realer und buchmäßiger Bilanzpolitik, wobei reale Bilanzpolitik immer unternehmenswertvernichtend wirkt. Sie weisen u.a. nach, dass bei der Erhöhung der privaten Kosten des Managers von buchmäßiger Bilanzpolitik (z.B. durch strengere Rechnungslegungsstandards oder genauerer Prüfung durch Wirtschaftsprüfer), diese unternehmenswertvernichtend durch reale Bilanzpolitik substituiert wird.[84]

Da sich die vorliegende Arbeit auf Anreize zu Ergebnisglättung und deren Einfluss auf die Wertrelevanz konzentriert, wird im Folgenden als Grundmodell das Modell von Ewert und Wagenhofer (2005) ohne die Unterscheidung zwischen buchmäßiger und realer Bilanzpolitik dargestellt. Generell steht bei der Forschung zum Einfluss von Ergebnisglättung auf die Ergebnisqualität buchmäßige Bilanzpolitik im Vordergrund, weil diese geringere Kosten verursacht und vorherrschend ist.[85] Anders gesagt handelt es sich um eine zweiperiodige Version des Modells von Fischer und Verrechia (2000). Daraus ergeben sich an verschiedenen Stellen weitere Abweichungen vom Originalmodell von Ewert und Wagenhofer (2005), auf die an den einschlägigen Stellen explizit eingegangen wird. In Kapitel fünf wird das hier dargestellte Modell um einen Glättungsanreiz erweitert.

4.2 Wertrelevanz von Berichten bei unsicherer Zielfunktion

4.2.1 Annahmen

Das Modell von Ewert und Wagenhofer (2005) ist ein zweiperiodiges Modell. Der Unternehmenswert $\tilde{x}$ ist normalverteilt um den Erwartungswert μ_x mit der Varianz σ_x^2.[86] Der Unternehmenswert ist hier der Einfachheit halber im Gegensatz zum Original auf Null normiert, d.h. $\mu_x = 0$.[87] Es werden zwei rational handelnde und risikoneutrale Spieler betrachtet – ein Manager und ein Investor, der für den Kapitalmarkt steht. Der Manager erhält in jeder Periode ein privates Signal (Periodenergebnis) $\tilde{y}_t$, welches Auskunft über den Unternehmenswert gibt. Das private Signal

83 Vgl. Fischer/Verrechia (2000), S. 233.
84 Diesen Substitutionseffekt untersucht auch Demski (2004).
85 Vgl. Goncharov (2005), S. 11.
86 Die weitere Darstellung bezieht sich auf Ewert/Wagenhofer (2005), S. 1101-1124.
87 Fischer/Verrechia (2000) treffen ebenfalls diese vereinfachende Annahme. Bei einer Lockerung ergäbe sich kein weiterer Erkenntnisgewinn sondern lediglich zusätzlicher Rechenaufwand. Vgl. Hirth (1999), S. 84.

sei durch einen Störterm verrauscht. Die Störterme $\tilde{\varepsilon}_t$ sind normalverteilt um den Erwartungswert $\mu_t = 0$ mit der Varianz σ_t^2 und sowohl untereinander als auch vom Unternehmenswert unabhängig. Dieses zusätzliche Rauschen kann interpretiert werden als eine auch vom Manager nicht beobachtbare Abweichung des wahren Unternehmenswertes von dem durch das (interne) Rechnungslegungssystem implizierten Unternehmenswert.

Das private Signal ergibt sich zu:

$$\tilde{y}_t = \tilde{x} + \tilde{\varepsilon}_t. \tag{4.1}$$

Der Unternehmenswert ändert sich nicht über die beiden Perioden hinweg. In der ersten Periode betreibt der Manager Bilanzpolitik im Ausmaß b und berichtet dann ein Ergebnis m_1 an den Investor.[88] Es wird „Clean Surplus Accounting“ angenommen, so dass sich der Effekt der Bilanzpolitik in der zweiten Periode genau umkehrt. Die Berichte des Managers ergeben sich also zu:

$$m_1 = \tilde{y}_1 + b \tag{4.2}$$

$$m_2 = \tilde{y}_2 - b. \tag{4.3}$$

Privates Signal und Bericht des Managers sind also gleichermaßen durch σ_t^2 verrauscht. Nutzendeterminanten des Managers sind die berichteten Ergebnissen (im Sinne einer variablen Vergütung), das Marktpreisinteresse (bspw. aus Aktienoptionen) und private Kosten der Bilanzpolitik siehe (Kapitel 1.5). Diese Kosten steigen streng konvex in b. Dies soll der Tatsache Rechnung tragen, dass mit zunehmender Bilanzpolitik die dadurch entstehenden privaten Kosten überproportional steigen. Eine Möglichkeit diesen konvexen Zusammenhang zu rechtfertigen ist, dass es mit zunehmend größerem Ausmaß an Bilanzpolitik schwieriger wird, weitere bilanzpolitische Maßnahmen zu finden als auch diese vor dem Wirtschaftsprüfer zu verbergen. Für einen nichtlinearen Verlauf von Kosten der Bilanzpolitik spricht zumindest auch, dass üblicherweise ein gewisses Maß immaterieller Verzerrung (z.B. bis zu 5% des Vorsteuerergebnisses) selbst bei Aufdeckung durch den Wirtschaftsprüfer geduldet wird.[89] Darüber hinausgehende Manipulation birgt die Gefahr der Versagung des Testats. Die Richtung und Höhe des Marktpreisinteresses ist ex-ante unsicher. Das Marktpreisinteresse wird modelliert durch eine Zufallsvariable $\tilde{p}$, die um den Erwartungswert μ_p und mit der Varianz σ_p^2 unabhängig von allen anderen

88 Prinzipiell soll unter Ergebnis oder Bericht im Folgenden eine Gewinngröße wie Jahresüberschuss bzw. Quartalsergebnisse verstanden werden.

89 Vgl. Levitt (1998), S. 16.

Zufallsvariablen normalverteilt ist.[90] Die Realisation von $\tilde{p}$ kann nur der Manager beobachten. Hieraus ergibt sich der Umstand der unsicheren Zielfunktion des Managers. Dabei stellt $p > 0$ wohl den überwiegenden Normalfall dar, in dem der Manager ein Interesse an einem höheren Marktpreis hat. Es sind aber auch Situationen vorstellbar, in denen der Manager einen niedrigen Marktpreis bevorzugt.[91] Die Nutzenfunktion des Managers U ist gegeben durch:

$$U = sm_1 + m_2 + pP_1 - \frac{rb^2}{2}. \tag{4.4}$$

Der Parameter s gewichtet die beiden Periodenergebnisse. Er kann somit eine Zeitpräferenz des Managers bezüglich seiner variablen Vergütung repräsentieren. Im Gegensatz zum Original von Ewert und Wagenhofer (2005) wird hier nur der Fall $s = 1$ betrachtet, da dies ansonsten einem Glättungsanreiz genau entgegenwirkt und nicht Ziel der späteren Modellierung ist. P_1 stellt den sich am Ende der ersten Periode einstellenden Marktpreis dar. Bei der Marktpreisbildung wird die variable Vergütung für das Management nicht berücksichtigt, da Ewert und Wagenhofer (2005) davon ausgehen, dass die variable Vergütung im Verhältnis zu den Marktpreiseffekten klein ist. Diese Annahme wird hier beibehalten. $r > 0$ stellt die Höhe der Kosten der Bilanzpolitik dar.[92] r sei beiden Spielern bekannt. Der Ablauf des gesamten Spiels ist in Abbildung 4-1 dargestellt.

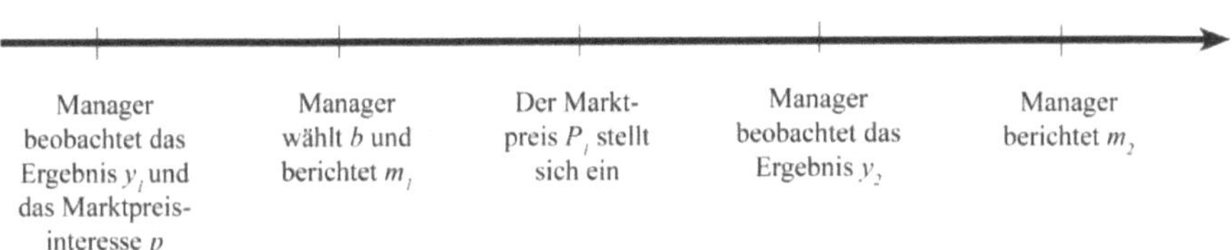

Abbildung 4-1 Zeitablauf des Modells

90 Ewert/Wagenhofer (2005) nehmen an $\mu_p > 0$. Diese restriktive Annahme kann hier so wie bei Fischer/Verrechia (2000) gelockert werden. Andererseits wird die Annahme der Unabhängigkeit von $\tilde{p}$, $\tilde{x}$ und $\tilde{\varepsilon}_t$ untereinander beibehalten. Ließe man diese Annahme fallen können mehrere lineare Gleichgewichte existieren. Vgl. Fischer/Verrechia (2000), S. 232.

91 Fischer/Verrechia (2000), S. 233 nennen hier bevorstehende Verhandlungen über den Ausübungspreis von Aktienoptionen, Aktienrückkaufprogramme oder ein bevorstehender Management Buy Out. Evidenz für den ersten Fall findet sich bei Yermack (1997).

92 Ewert/Wagenhofer (2005) nehmen im Originalmodell $r \geq 1$ an.

Der Manager maximiert seinen Erwartungsnutzen am Ende der ersten Periode durch Wahl von b. Der Markt bildet auf Basis des Berichts der ersten Periode den Marktpreis P_1. Da der Markt die Struktur der Zielfunktion des Managers kennt, wird er dessen Anreize in der Marktpreisbildung berücksichtigen. Mithin ergibt sich der Marktpreis als bedingter Erwartungswert: $P_1 = E[\tilde{x}|m_1;\hat{b}]$. Grundsätzlich bedeutet das ^-Zeichen eine Vermutung (engl. Conjectures) über das Verhalten des anderen Spielers (hier der gewählten Bilanzpolitik). Umgekehrt weiß der Manager, wie sich der Marktpreis ergibt und dass der Markt rational auf die Anreize des Managers reagieren wird. Im Folgenden wird nun ein rationales Erwartungsgleichgewicht zwischen beiden Strategien gesucht. Die letzte Annahme ist, dass der Marktpreis linear mit dem Bericht des Managers zusammenhängt.

Der Marktpreis ergibt sich zu:

$$P_1 = \alpha + \beta m_1. \tag{4.5}$$

Gleichung (4.5) lässt sich als Regressionsgerade zwischen Bericht und eingetretenem Marktpreis interpretieren. Dabei entspricht β der Steigung der Regressionsgeraden und α dem Ordinatenabschnitt. β ist dann ein Maß für die Wertrelevanz des Berichts.[93]

P_2 ist aus Vereinfachungsgründen nicht in der Zielfunktion (4.4) enthalten. Dennoch hat der Manager ein Interesse am Bericht der zweiten Periode durch die Einbeziehung von m_2. Ewert und Wagenhofer (2005) zeigen, dass die Berücksichtigung von P_2 in der Form $U = sm_1 + m_2 + pP_1 + P_2 - rb^2/2$ mit der Annahme über die lineare Preisbildung $P_2 = \hat{\alpha}_2 + \hat{\beta}_2 m_1 + \hat{\gamma}_2 m_2$ die Analyse komplizierter macht, allerdings die Ergebnisse nicht verändern würde.[94] Dies liegt daran, dass die Unsicherheit über $\tilde{p}$ nur den Nutzen und den Marktpreis in $t = 1$ beeinflusst. In dieser Form würde $\tilde{p}$ eine Zeitpräferenz für die Marktpreise darstellen. Alternativ folgen bei einer Nutzenfunktion der Form $U = sm_1 + pP_1 + P_2 - rb^2/2$ aufgrund der linearen Abhängigkeit zwischen m_2 und P_2 die gleichen Ergebnisse, wie jene, die für die Nutzenfunktion (4.4) folgen.[95] Letztlich könnte die hier gewählte Nutzenfunktion auch einen bezüglich des Marktpreises kurzfristig orientierten Manager darstellen. In anderen Modellen wird auch teilweise angenommen, dass bestimmte Marktteilnehmer einem exogenen Liquiditätsschock unterliegen und daher zum Verkauf von Aktien gezwungen sind. Dies könnte auch hier unterstellt werden.

93 Diese Zusammenhänge werden bei Fischer/Verrechia (2000), S. 235 erläutert.
94 Vgl. Ewert/Wagenhofer (2005), S. 1114.
95 Vgl. Ewert/Wagenhofer (2005), S. 1114.

4.2.2 Das lineare Gleichgewicht

Der Erwartungsnutzen des Managers am Ende der ersten Periode ist gegeben durch:

$$E[U] = E[m_1] + E[\tilde{m}_2] + p\hat{P}_1 - \frac{rb^2}{2}. \tag{4.6}$$

Dabei ist $\hat{P}_1$ der Preis, den der Manager als Reaktion auf seinen Bericht vom Markt erwartet. Durch Einsetzen der Gleichungen (4.2), (4.3) und (4.5) erhält man:

$$E[U] = y_1 + b + E[\tilde{y}_2 | y_1] - b + p(\hat{\alpha} + \hat{\beta} m_1) - \frac{rb^2}{2}$$

$$E[U] = y_1 + E[\tilde{y}_2 | y_1] + p(\hat{\alpha} + \hat{\beta}(y_1 + b)) - \frac{rb^2}{2}. \tag{4.7}$$

Für $s = 1$ entfallen also die Anreizwirkungen aus der variablen Entlohnung. Der Manager maximiert Gleichung (4.7) über die Wahl der Bilanzpolitik b. Um das Maximum zu bestimmen wird die Nutzenfunktion abgeleitet und gleich Null gesetzt:

$$\frac{dE[U]}{db} = p\hat{\beta} - rb = 0. \tag{4.8}$$

Damit ergibt sich die optimale Bilanzpolitik für den Manager zu:

$$b = \frac{\hat{\beta}}{r} p. \tag{4.9}$$

Durch die Wahl von $s = 1$ ergibt sich in der zweiperiodigen Modellvariante dasselbe Optimierungskalkül wie im einperiodigen Modell von Fischer und Verrechia (2000).[96] Die Bedingung zweiter Ordnung für ein Maximum ist erfüllt, da die erneute Ableitung von Gleichung (4.8) $-r$ ist und annahmegemäß $r > 0$ gilt. Die optimale Bilanzpolitik steigt mit höherer Wertrelevanz und sinkt mit höheren Kosten der Bilanzpolitik. Die Richtung der Bilanzpolitik wird durch p festgelegt.

Der Marktpreis am Ende der ersten Periode bildet sich auf Basis des bedingten Erwartungswertes des Unternehmenswerts $\tilde{x}$ unter der Bedingung des Berichts durch den Manager m_1. Mit der Formel für den bedingten Erwartungswert (siehe Anhang S. 90) gilt:

$$P_1 = E[\tilde{x} | m_1] = \frac{Cov[\tilde{x}, \tilde{m}_1]}{Var[\tilde{m}_1]} \cdot (m_1 - E[\tilde{m}_1]).$$

96 Daher beziehen sich die weiteren Ausführungen zu diesem Modell ab hier auf Fischer/Verrechia (2000).

Aufgrund der Unabhängigkeit von $\widetilde{x}$, $\widetilde{\varepsilon}_t$ und $\widetilde{p}$ (somit auch von $\widetilde{b}$) untereinander lässt sich der Zähler bestimmen zu:

$$Cov[\widetilde{x},\widetilde{m}_1] = Cov[\widetilde{x},\widetilde{y}_1+\widetilde{b}] = Cov[\widetilde{x},\widetilde{x}+\widetilde{\varepsilon}_1+\widetilde{b}] = \sigma_x^2.$$

Und mit Gleichung (4.9) folgt

$$Var[\widetilde{m}_1] = Var\left[\widetilde{x}+\widetilde{\varepsilon}_1+\widetilde{b}\right] = \sigma_x^2+\sigma_1^2+\left(\frac{\hat{\beta}}{r}\right)^2\sigma_p^2.$$

Der Erwartungswert für das Ergebnis der ersten Periode $E[\widetilde{m}_1]$ ergibt sich zu:

$$E[\widetilde{m}_1] = E\left[\widetilde{y}_1+\widetilde{b}\right] = E\left[\widetilde{x}+\widetilde{\varepsilon}_1+\widetilde{b}\right] = E\left[\widetilde{b}\right]$$

Damit folgt als Preisbestimmungsgleichung:

$$P_1 = E[x|m_1] = \frac{\sigma_x^2}{\sigma_x^2+\sigma_1^2+\left(\frac{\hat{\beta}}{r}\right)^2\sigma_p^2}\cdot(m_1 - E[\widetilde{b}]). \qquad (4.10)$$

Gleichung (4.10) hat bereits die lineare Gestalt, wie von Gleichung (4.5) gefordert. Nach der Bestimmung von $E[\widetilde{b}]$ sind die Parameter α und β determiniert:

$$\beta = \frac{\sigma_x^2}{\sigma_x^2+\sigma_1^2+\left(\frac{\hat{\beta}}{r}\right)^2\sigma_p^2} \qquad (4.11)$$

und

$$\alpha = -\beta E[\widetilde{b}] = -\frac{\beta^2\mu_p}{r}. \qquad (4.12)$$

Allgemein müssen sich die ex-ante Erwartungen im Gleichgewicht ex-post bestätigen. D.h., der Investor liegt mit seiner Vermutung über die Strategie des Managers richtig und gleichzeitig liegt der Manager mit seiner Vermutung über die Strategie des Investors richtig. Im Weiteren werden daher die ^ weggelassen. Durch Umstellen von Gleichung (4.11) ergibt sich:

$$\beta^3\sigma_p^2+\beta(\sigma_x^2+\sigma_1^2)r^2-\sigma_x^2r^2 = 0. \qquad (4.13)$$

Grundsätzlich lässt sich eine explizite Lösung für β finden, allerdings ist diese sehr unhandlich. Daher wird die implizite Lösung in Gleichung (4.13) weiter untersucht. Hierzu ist die Regel von Descartes nützlich:[97]

Die Anzahl aller positiven Nullstellen eines reellen Polynoms ist gleich der Zahl der Vorzeichenwechsel seiner Koeffizientenfolge oder um eine gerade natürliche Zahl kleiner als diese. Zur Bestimmung der möglichen negativen Nullstellen wird aus dem Polynom *f(x)* das Polynom *f(-x)* gebildet. D.h. alle Vorzeichen von ungeraden Exponenten werden geändert. Auf dieses *f(-x)* wird dann erneut Descartes Vorzeichenregel angewandt.

Insofern kann die Gleichung (4.13) maximal eine positive und eine negative Lösung für β haben. Gleichung (4.13) lässt sich schreiben als $V-U=0$ mit $V=\beta^3\sigma_p^2+\beta(\sigma_x^2+\sigma_1^2)r^2$ und $U=\sigma_x^2 r^2$. Für den hier interessanten Fall der Unsicherheit über das Motiv des Managers $(\sigma_p^2>0)$ ist U immer positiv. Da V in β streng monoton steigt und ab $\beta>0$ positiv wird, muss im Gleichgewicht ebenfalls $\beta>0$ gelten. Mithin gibt es eine positive Lösung für β. Eine negative Lösung existiert nicht. Weiterhin gilt für diesen Fall $\beta\leq\sigma_x^2/(\sigma_x^2+\sigma_1^2)\leq 1$, da die linke Seite der Gleichung (4.13) für $\beta=\sigma_x^2/(\sigma_x^2+\sigma_1^2)$ schwach positiv wird. Die maximale Wertrelevanz wird im Fall der Sicherheit über das Marktpreisinteresse des Managers $(\sigma_p^2=0)$ erreicht. Dort beträgt sie $\beta=\sigma_x^2/(\sigma_x^2+\sigma_1^2)$. Sie erreicht dann den Maximalwert von 1, wenn das private Signal des Managers nicht durch den Störterm zufällig verrauscht ist.

Aus Gleichung (4.12) ergibt sich zudem, dass der Markt über den Achsenabschnitt die erwartete Verzerrung durch den Manager gewichtet mit der Wertrelevanz anpasst. Erwartet der Markt also einen Anreiz des Managers zur Übertreibung gilt $\alpha<0$. Für einen Anreiz zur Untertreibung ergibt sich $\alpha>0$.

Es wurde angenommen, dass das Marktpreisinteresse des Managers, der wahre Unternehmenswert und der Störterm untereinander unabhängig sind. Qualitativ ergeben sich keine Unterschiede zu der hier vorgestellten Variante, wenn Marktpreisinteresse mit dem Unternehmenswert und/oder dem Störterm korreliert. Die Analyse wird aber dadurch kompliziert, da bis zu drei Gleichgewichtslösungen entstehen können.[98]

4.2.3 Komparative Statik für die Wertrelevanz

Um die Einflüsse auf die Wertrelevanz zu untersuchen, werden in einer komparativstatischen Analyse die Einflüsse der exogenen Größen auf die Wertrelevanz untersucht. Da für β keine explizite Lösung berechnet wurde, wird die Untersuchung mit Hilfe des Satzes über die Ableitung impliziter Funktionen durchgeführt:[99]

97 Vgl. Bronstein (2001), S. 45.

98 Vgl. Fischer/Verrechia (2000), S. 232.

99 Vgl. Bronstein (2001), S. 412-413 bzw. in der hier angewandten Formulierung Callsen-Bracker (2006), S. 83.

Eine Funktion $j = f(l)$ sei abhängig von einer Veränderlichen und implizit gegeben durch die Gleichung $F(j,l) = 0$. Dann gilt: $\frac{dj}{dl} = -\frac{F_l}{F_j}$. Dabei steht F_l für die partielle Ableitung von F nach l und F_j für die partielle Ableitung von F nach j.

Somit sind zuerst die partiellen Ableitungen von Gleichung (4.13) zu bestimmen. Sie ergeben sich zu:

$$F_\beta = 3\beta^2\sigma_p^2 + (\sigma_x^2 + \sigma_1^2)r^2,$$

$$F_r = 2\beta(\sigma_x^2 + \sigma_1^2)r - 2\sigma_x^2 r,$$

$$F_{\sigma_x^2} = r^2(\beta - 1),$$

$$F_{\sigma_1^2} = \beta r^2,$$

$$F_{\sigma_p^2} = \beta^3.$$

Durch die Anwendung des Satzes über die Ableitung impliziter Funktionen kann nun die Ableitungen der Wertrelevanz nach den exogenen Größen vorgenommen werden.

Unsicherheit über das Marktpreisinteresse:

Für den Einfluss der Varianz auf das Marktpreisinteresses des Managers ergibt sich:

$$\frac{d\beta}{d\sigma_p^2} = -\frac{\beta^3}{3\beta^2\sigma_p^2 + (\sigma_x^2 + \sigma_1^2)r^2} < 0. \tag{4.14}$$

Eine größere Unsicherheit über das Marktpreisinteresse des Managers vermindert mithin die Wertrelevanz des Berichts.

Unsicherheit über den Unternehmenswert:

Mit $\beta < 1$ folgt aus:

$$\frac{d\beta}{d\sigma_x^2} = -\frac{r^2(\beta - 1)}{3\beta^2\sigma_p^2 + (\sigma_x^2 + \sigma_1^2)r^2} > 0, \tag{4.15}$$

dass eine höhere Unsicherheit über den Unternehmenswert die Wertrelevanz des Berichts erhöht. Im Modell ergibt sich dieser Gesamteffekt aus zwei Teileffekten.

Einerseits erhöht eine höhere ex-ante Unsicherheit über den Unternehmenswert die Bedeutung des Berichts als zusätzliche Information. Andererseits führt die daraus resultierende höhere Wertrelevanz zu einem höheren Verzerrungsanreiz für den Manager, der die Wertrelevanz seines Berichts wieder senkt. Insgesamt dominiert der erste Effekt jedoch den zweiten.[100]

Einfluss der Unsicherheit über das Rauschen:

Für den Einfluss von σ_1^2 ergibt sich:

$$\frac{d\beta}{d\sigma_1^2} = -\frac{\beta r^2}{3\beta^2\sigma_p^2 + (\sigma_x^2 + \sigma_1^2)r^2} < 0. \tag{4.16}$$

Aus Gleichung (4.16) wird ersichtlich, dass ein stärkeres Rauschen des privaten Signals des Managers die Wertrelevanz des Berichts senkt. Da die Qualität des vom Manager beobachteten Signals mit höherem Rauschen abnimmt, wird der Markt auch seinem Bericht eine geringere Bedeutung beimessen (direkter Effekt). Als indirekter Effekt reduziert dies den Verzerrungsanreiz durch den Manager, was wiederum die Wertrelevanz erhöht. Der direkte Effekt dominiert den indirekten.

Einfluss der Kosten der Bilanzpolitik:

Die Ableitung der Wertrelevanz nach dem Kostenparameter r ist im Gleichgewicht größer Null:

$$\frac{d\beta}{dr} = \frac{2\left(-\beta(\sigma_x^2 + \sigma_1^2)r + \sigma_x^2 r\right)}{3\beta^2\sigma_p^2 + (\sigma_x^2 + \sigma_1^2)r^2} > 0. \tag{4.17}$$

Dies lässt sich folgendermaßen nachvollziehen. Der Ausdruck im Zähler $-\beta(\sigma_x^2 + \sigma_1^2)r + \sigma_x^2 r$ muss im Gleichgewicht positiv sein, da die Terme mit vertauschtem Vorzeichen im Gleichgewicht gemäß Gleichung (4.13) negativ sein müssen. Je höher also die Kosten der Bilanzpolitik sind, desto größer ist die Wertrelevanz bis zur Grenze $\beta_{\max} \leq \sigma_x^2 / (\sigma_x^2 + \sigma_1^2)$ (siehe S. 56).

100 Vgl. Fischer/Verrechia (2000), S. 238.

4.2.4 Wertrelevanz und Preiseffizienz

Um ein besseres Verständnis der Bedeutung der Wertrelevanz als Maß für Ergebnisqualität zu ermöglichen, wird im Folgenden deren Zusammenhang mit der Preiseffizienz dargestellt.

Die Preiseffizienz wird dabei definiert als ein relatives Maß der Wertunsicherheit des Kapitalmarktes vor und nach dem Managerbericht. Sie wird hier über $1 - Var(\tilde{x}|P)/\sigma_x^2$ gemessen.[101] Der Ausdruck gibt den Anteil der Sicherheit (gemessen als die Verminderung der Streuung) über den wahren Unternehmenswert nach Preisfestsetzung in Bezug zur ex-ante Streuung σ_x^2 an. Anders ausgedrückt sagt die Preiseffizienz aus wie viel der ex-ante Streuung nach der Verarbeitung des Managersignals durch den Markt eliminiert werden konnte.

Durch Anwenden der Rechenregel für die bedingte Varianz der bivariaten Normalverteilung (siehe Anhang S. 90) ergibt sich für die Preiseffizienz:

$$1 - \frac{Var\left[\tilde{x}|P\right]}{\sigma_x^2} = 1 - \frac{Var[\tilde{x}] - \dfrac{Cov[\tilde{x},\tilde{P}]^2}{Var[\tilde{P}]}}{\sigma_x^2}. \tag{4.18}$$

Die Preisgleichung (4.5) lässt sich darstellen als: $P = \beta\tilde{x} + \beta\varepsilon_1 + \beta b + \alpha$. Die Varianz dieses Marktpreises ergibt sich dann als:

$$1 - \frac{Var\left[\tilde{x}|P\right]}{\sigma_x^2} = 1 - \frac{Var[\tilde{x}] - \dfrac{Cov[\tilde{x},\tilde{P}]^2}{Var[\tilde{P}]}}{\sigma_x^2}$$

$$Var[P] = Var[\beta\tilde{x} + \beta\tilde{\varepsilon}_1 + \beta b + \alpha]$$

$$= \beta^2 Var[\tilde{x} + \tilde{\varepsilon}_1 + \frac{\beta}{r}\tilde{p}]$$

$$= \beta^2(\sigma_x^2 + \sigma_1^2 + \left(\frac{\beta}{r}\right)^2 \sigma_p^2).$$

101 Fischer und Verrechia (2000), S. 240 definieren als Maß für die Preisineffizienz: $\frac{Var(\tilde{x}|P)}{\sigma_x^2}$. Dieses Maß wird umso größer, je weniger sich die vorhandenen Informationen im Preis niederschlagen. Daher ist die Bezeichnung dieses Terms als Preisineffizienz der Bezeichnung im Originaltext als Preiseffizienz vorzuziehen. So auch bei Callsen-Bracker (2006), S. 88.

Für die Kovarianz zwischen $\tilde{x}$ und $\tilde{p}$ gilt wegen $Cov[\tilde{x},\tilde{\varepsilon}]=Cov[\tilde{x},b]=Cov[\tilde{x},\alpha]=0$ und mit Gleichung (4.5):

$$Cov[\tilde{x},\tilde{P}]=Cov[\tilde{x},\beta\tilde{x}]+Cov[\tilde{x},\beta\tilde{\varepsilon}_1]+Cov[\tilde{x},\beta b]+Cov[\tilde{x},\alpha]$$
$$=\beta\sigma_x^2.$$

Die Preiseffizienz ergibt sich dann durch Einsetzen von $Var[P]$ und $Cov[\tilde{x},\tilde{P}]$ in Gleichung (4.18):

$$1-\frac{Var(\tilde{x}|P)}{\sigma_x^2}=1-\frac{\sigma_x^2-\dfrac{\sigma_x^4}{\sigma_x^2+\sigma_1^2+\left(\dfrac{\beta}{r}\right)^2\sigma_p^2}}{\sigma_x^2}=\beta. \tag{4.19}$$

Preiseffizienz und Wertrelevanz können also synonym gebraucht werden.

4.2.5 Wert der Verzerrungsoption

Im Gegensatz zu dem Modell von Stein (1989) existiert in diesem Modell kein „Sich-selbst-in-den-Fuß-schiessen". D.h., die Möglichkeit zur Verzerrung des Berichts durch den Manager führt nicht lediglich zu Kosten. Um dies zu beweisen wird im Folgenden der Wert der Verzerrungsoption ex-ante und ex-post bestimmt.

Ex-ante – also bevor der Manager die Realisation des Marktpreisinteresses kennt – entspricht der Wert der Verzerrungsoption dem erwarteten Nutzen des Managers. Dieser ist:

$$E[U]=E\left[p(\beta(y_1+b)+\alpha)-\frac{rb^2}{2}\right]. \tag{4.20}$$

Es folgt:[102]

$$E[U]=\frac{\beta^2}{2r}(\sigma_p^2-\mu_p^2). \tag{4.21}$$

Dieser Erwartungsnutzen soll mit der Situation verglichen werden, wenn der Manager keine Möglichkeit hat den Bericht zu verzerren. Hierzu wird in Gleichung (4.20) $b=0$ eingesetzt. In diesem Fall ist die Wertrelevanz maximal: $\beta=\sigma_x^2/(\sigma_x^2+\sigma_1^2)$. Dann folgt für den Erwartungsnutzen in diesem Fall:

102 Siehe Anhang S. 82 f.

$$E\left[\widetilde{py}_1 \frac{\sigma_x^2}{\sigma_x^2+\sigma_1^2}\right]=0. \tag{4.22}$$

Aus den Gleichungen (4.21) und (4.22) wird klar, dass sich der Manager mit der Option den Bericht zu verzerren besser stellt, wenn $(\beta^2/2r)(\sigma_p^2-\mu_p^2)>0$ gilt. Wegen $\beta>0$ und $r>0$ ergibt sich als endgültige Bedingung für eine ex-ante Besserstellung des Managers $(\sigma_p^2-\mu_p^2)>0$.

Diese Bedingung bedeutet, dass der Manager dann einen hohen ex-ante Nutzen hat, wenn die Unsicherheit über das Marktpreisinteresse im Vergleich zum Erwartungswert des Marktpreisinteresses hoch ist. Für den Fall von Sicherheit über das Marktpreisinteresse $(\sigma_p^2=0)$ ergibt sich ein negativer Nutzen wie bei Stein (1989).

Im Modell existiert kein Zeitpunkt in dem der wahre Unternehmenswert letztlich aufgedeckt wird. Da das Spiel auch kein Nullsummenspiel ist, ist es möglich, dass der Manager sich ex-ante mit der Option zu verzerren besser stellt, ohne einen ex-ante erwarteten Verlust für den Investor zu erzeugen, da der Preis ihren rationalen Erwartungen auf Basis des Berichts des Managers entspricht.[103] Falls man das Aufdecken des wahren Werts am Ende des Spiels zuließe, muss man die Möglichkeit für den Manager ausschließen am Markt Anteile des Unternehmens zu kaufen und zu verkaufen. Anderenfalls würde dieser selber marktpreisbestimmend am Markt mit auftreten. Zudem würde der Investor dann auch erwartete Verluste erleiden.

Nachdem der Manager das Marktpreisinteresse kennt, ergibt sich der Wert der Verzerrungsoption ex-post als bedingter Erwartungsnutzen zu:[104]

$$E[U|p]=\frac{\beta^2}{2r}\left((p-\mu_p)^2-\mu_p^2\right) \tag{4.23}$$

Wenn er keine Möglichkeit zu Bilanzpolitik hat ist sein Erwartungsnutzen wieder Null. Somit ist für den Manager die Möglichkeit zu Bilanzpolitik wertvoll, wenn gilt $(p-\mu_p)^2-\mu_p^2>0$. Dies lässt sich so interpretieren, dass der Manager sich immer besser stellt, wenn die Differenz zwischen Realisation des Marktpreisinteresses und der ex-ante Erwartung ausreichend groß ist.

4.3 Zwischenfazit

Aus der vorgestellten Modellvariante leitet sich die Empfehlung ab, die Kosten der Bilanzpolitik zu erhöhen, um eine höhere Wertrelevanz von Berichten bzw. höhere Preiseffizienz zu erreichen. Eine übliche (jedoch modellexterne) Kritik an dieser Argumentation ist, dass Spielräume zu Bilanzpolitik auch vom Management genutzt werden können, um den Markt besser zu informieren. Darüber hinaus zeigen Ewert

103 Vgl. Fischer/Verrechia (2000), S. 243.

104 Für die Herleitung, siehe Anhang, S. 83.

und Wagenhofer (2005) in ihrem Originalmodell, dass die Erhöhung der Kosten für buchmäßige Bilanzpolitik zu einer unternehmenswertvernichtenden Substitution durch reale Bilanzpolitik führt, allerdings ebenfalls bei gesteigerter Wertrelevanz. Fraglich ist aber, ob ohne altruistische Motive des Managements bemühen zu müssen, noch andere Gründe gegen höhere Kosten der Bilanzpolitik sprechen, wenn man allein das Ziel einer höheren Preiseffizienz verfolgt. Insbesondere die auf das Management wirkenden Glättungsanreize werden daher vor dem hier dargestellten Modellhintergrund in Kapitel fünf untersucht. Selbstverständlich liefert das Modell auch Unterstützung für die normative Forderung, die Qualität von Rechnungslegungssystemen zu verbessern. In dem hier vorgestellten Modell betrifft dies eine geringe Varianz des Rauschens (höhere Qualität des privaten Signals über das Ergebnis). Allerdings kann hier festgestellt werden, dass lediglich die Unsicherheit über das Rauschen die Wertrelevanz negativ beeinflusst. Wäre die Unsicherheit über das Rauschen Null und dennoch eine Abweichung des privaten Signals vom wahren Wert gegeben (d.h., der Störterm hat eine Varianz von null, aber einen Erwartungswert ungleich null), so könnte der Markt diese perfekt herausrechnen. Normativ werden aber üblicherweise Rechnungslegungssysteme gefordert, die den wahren Wert bzw. Wertänderungen unverrauscht wiedergeben. Diese Forderung kann hier nicht gestützt werden. Tabelle 4-1 fasst die Einflüsse der exogenen Größen auf Wertrelevanz zusammen.

Einflußfaktor	$\beta\uparrow$	$\beta\downarrow$	Gesamteffekt
$\sigma_p^2\uparrow$		Die höhere Unsicherheit über das Marktpreisinteresse des Managers senkt die Wertrelevanz des Berichts.	$\beta\downarrow$
$\sigma_x^2\uparrow$	Stärkere ex-ante Unsicherheit über den Unternehmenswert erhöht die Bedeutung des Berichts des Managers.	Die höhere Wertrelevanz erhöht allerdings den Verzerrungsanreiz des Managers, der wiederum negativ auf die Wertrelevanz wirkt.	$\beta\uparrow$
$\sigma_l^2\uparrow$	Eine niedrigere Wertrelevanz des Berichts (siehe rechts), vermindert den Verzerrungsanreiz des Managers. Dies wirkt wertrelevanzerhöhend.	Die schlechtere Qualität des privaten Signals des Managers vermindert die Wertrelevanz des Berichts.	$\beta\downarrow$
$r\uparrow$	Die höheren Kosten der Bilanzpolitik vermindern den Verzerrungsanreiz des Managers und erhöhen somit die Wertrelevanz.		$\beta\uparrow$

Tabelle 4-1 Zusammenfassung der Einflüsse auf die Wertrelevanz

5 Wertrelevanz und Ergebnisglättung

5.1 *Motivation zur Einführung eines Glättungsanreizes*

In Kapitel drei wurden verschiedene in der Literatur angeführte Anreize zur Ergebnisglättung vorgestellt. In Kapitel vier wurde die Wertrelevanz eines Berichts vor dem Hintergrund einer unsicheren Zielfunktion des Managers betrachtet. Nun soll untersucht werden, welche Auswirkung Glättungsanreize auf die Wertrelevanz von Berichten haben. Besonders sollen die Wechselwirkungen zwischen dem Interesse des Managers am Marktpreis, dem Interesse an einem glatten Ergebnisstrom und der Höhe der Kosten der Bilanzpolitik betrachtet werden.

Sankar und Subramanyam (2001) betrachten ebenfalls Wertrelevanz und Glättungsanreize in einem zweiperiodigen Spiel. In ihrem Modell entsteht der Glättungsanreiz endogen durch einen risikoaversen Manager, der seinen Konsum zu glätten versucht. Allerdings beschäftigt sich ihre Modellierung nicht ausdrücklich mit den Kosten der Bilanzpolitik (Standardsetting) und berücksichtigt darüber hinaus auch kein unsicheres Marktpreisinteresse des Managers. Stattdessen wird die Strenge des Rechnungslegungssystems dadurch bestimmt, wie viel Prozent der Manipulation in der ersten Periode sich in der zweiten Periode umkehren. Sie lockern somit die Annahme der Totalgewinnidentität. Sankar und Subramanyam (2001) zeigen, dass ab einem bestimmten Mindestmaß des Umkehreffekts der Manager Glättung betreiben wird und damit die Wertrelevanz seines Berichts erhöht. Dies liegt daran, dass der Manager auf Basis seiner privaten Information über das Ergebnis der zweiten Periode glättet und diese Information somit teilweise kommuniziert. Unterhalb dieser Grenze übertreibt der Manager seinen Bericht unendlich nach oben, da sein Nutzen linear mit einem höheren Marktpreis steigt.

Die hier vorgestellte Modellierung erlaubt im Gegensatz zu Sankar und Subramanyam (2001) durch die Einbeziehung von Unsicherheit über das Marktpreisinteresse Bedingungen zu identifizieren, bei denen eine Verschärfung der Rechnungslegungsstandards wertrelevanzerhöhend (bzw. wertrelevanzmindernd) wirken. Ebenfalls kann der Manager in dem vorgestellten Modell wie bei Sankar und Subramanyam (2001) nur ein verrauschtes Ergebnis beobachten.

5.2 Das Modell

5.2.1 Kalkül des Managers

Die Annahmen des Modells aus Kapitel vier werden beibehalten. Der zusätzliche Glättungsanreiz wird als quadratische Struktur dergestalt eingeführt, indem ein volatiler Ergebnisstrom bestraft wird.
Die Zielfunktion des Managers sei gegeben durch:[105]

$$U = pP_1 - g(m_1 - m_2)^2 - \frac{rb^2}{2}. \tag{5.1}$$

g bestimmt dabei die Stärke des Glättungsinteresses und sei beiden Parteien bekannt. Zudem gelte:

$$g \geq 0. \tag{5.2}$$

Für den Preis in $t = 1$ wird erneut ein linearer Zusammenhang der Form $P_1 = \alpha + \beta m_1$ unterstellt. Für den Manager ergibt sich der Erwartungsnutzen in $t = 1$ dann folgendermaßen:

$$E[U] = p(\hat{\alpha} + \hat{\beta}(y_1 + b)) - E[g(m_1 - \tilde{m}_2)^2] - \frac{rb^2}{2}.$$

Dies lässt sich durch Einsetzen und Umformen bestimmen zu:[106]

$$E[U] = p(\hat{\alpha} + \hat{\beta}(y_1 + b)) - g(y_1 + b)^2 + 2g(y_1 + b)(E[\tilde{y}_2|y_1] - b)$$
$$- gVar[\tilde{y}_2|y_1] - g(E[\tilde{y}_2|y_1] - b)^2 - \frac{rb^2}{2}.$$

Der Manager maximiert in $t = 1$ seinen Erwartungsnutzen über die Wahl von b. Die Bedingung erster Ordnung lautet dann:

$$\frac{dE[U]}{db} = p\hat{\beta} - 2g(y_1 + b) + 2g(-y_1 + E(\tilde{y}_2|y_1) - 2b) + 2g(E(\tilde{y}_2|y_1) - b) - br$$
$$= p\hat{\beta} - 2gy_1 - 2gb - 2gy_1 + 2gE(\tilde{y}_2|y_1) - 4gb + 2gE(\tilde{y}_2|y_1) - 2gb - br$$

$$p\hat{\beta} - 4gy_1 + 4gE(\tilde{y}_2|y_1) - 8gb - br = 0.$$

105 Die Entlohnung anhand der Berichte des Managers m_1 und m_2 kann bereits vernachlässigt werden, da bei der Wahl von $s = 1$ die optimale Wahl von b durch den Manager unabhängig von der variablen Entlohnung immer gegeben ist.

106 Die Herleitung findet sich im Anhang auf Seite 83f.

Dann ist die optimale Bilanzpolitik:[107]

$$b^* = \frac{p\hat{\beta}}{8g+r} + \frac{4g\left(E(\tilde{y}_2|y_1) - y_1\right)}{8g+r}. \tag{5.3}$$

Gleichung (5.3) lässt erste Aussagen über das Verhalten des Managers zu. Er wird Bilanzpolitik in Richtung des Marktpreisinteresses p durchführen (erster Term). Der erste Term wird im verbleibenden Teil der Arbeit „Marktpreisanreiz“ genannt. Der Anreiz für diese Art Bilanzpolitik steigt mit der Wertrelevanz, den der Markt dem Bericht des Managers beimisst. Er entspricht in seiner Struktur dem Ursprungsmodell. Zusätzlich unterliegt der Manager einem „Glättungsanreiz“ (zweiter Term). Der Manager kann dazu auf das realisierte erste Ergebnis y_1 und auf seinen bedingten Erwartungswert für das Ergebnis in Periode 2 $E(\tilde{y}_2|y_1)$ zurückgreifen. Der Glättungsanreiz wird maximal für $r = 0$. Für $r = 0$ wird auf Basis der Erwartung mit $\left(E(\tilde{y}_2|y_1) - y_1\right)/2$ perfekt geglättet.

Marktpreisanreiz und Glättungsanreiz können in unterschiedliche Richtungen oder gleichgerichtet wirken. Dies sei anhand folgenden Beispiels veranschaulicht:

Der Manager habe ein Interesse an einem hohen Marktpreis $(p > 0)$. Er beobachtet ein stark negatives erstes Periodenergebnis und erwartet gleichzeitig ein schwächer negatives Ergebnis für die zweite Periode.[108] Entsprechend seines Glättungsanreizes wird er das Ergebnis in Periode 1 nach oben manipulieren. Das Marktpreisinteresse wirkt in dieselbe Richtung. Für den Fall, dass der Manager ein Interesse an einem niedrigen Marktpreis hat $(p < 0)$, wirken die Effekte entgegengesetzt.

5.2.2 Marktgleichgewicht

Der Marktpreis bildet sich wiederum auf Basis des bedingten Erwartungswertes für den Unternehmenswert:

$$E[\tilde{x}|m_1] = \frac{Cov[\tilde{x}, \tilde{m}_1]}{Var[\tilde{m}_1]}(m_1 - E[\tilde{y}_1 + \tilde{b}]).$$

Mit $\mu_x = \mu_t = 0$ folgt:

$$E[\tilde{x}|m_1] = \frac{Cov[\tilde{x}, \tilde{m}_1]}{Var[\tilde{m}_1]}(m_1 - E[\tilde{b}]). \tag{5.4}$$

107 Die zweite Ableitung nach b beträgt $(-8g - r)$ und ist kleiner als Null, da annahmegemäß gilt: $r > 0$. Man sieht, dass $g > 0$ oder $r > 0$ ausreichen, um ein Maximum zu begründen, wenn der jeweils andere Parameter Null ist.

108 Dieser Zusammenhang gilt immer. Er gilt entsprechend für ein positives Ergebnis, da $\left|E(\tilde{y}_2|y_1)\right| < |y_1|$ gilt. Dies wird später anhand von Gleichung (A4) im Anhang klar. Siehe Anhang, Seite 85.

Die Berechnung (siehe Anhang S. 87 ff.) führt zu:

$$= \frac{\sigma_x^2 + \frac{4g}{8g+r}\left(\frac{\sigma_x^4}{\sigma_x^2+\sigma_1^2} - \sigma_x^2\right)}{\sigma_x^2 + \sigma_1^2 + \frac{\hat{\beta}^2}{(8g+r)^2}\sigma_p^2 + \frac{16g^2}{(8g+r)^2}\frac{\sigma_1^4}{\sigma_x^2+\sigma_1^2} - \frac{8g}{8g+r}\sigma_1^2}(m_1 - \frac{\mu_p\beta}{8g+r}). \quad (5.5)$$

Das ist in der Tat linear wie $P_1 = \alpha + \beta m_1$ mit

$$\beta = \frac{\sigma_x^2 + \frac{4g}{8g+r}\left(\frac{\sigma_x^4}{\sigma_x^2+\sigma_1^2} - \sigma_x^2\right)}{\sigma_x^2 + \sigma_1^2 + \frac{\hat{\beta}^2}{(8g+r)^2}\sigma_p^2 + \frac{16g^2}{(8g+r)^2}\frac{\sigma_1^4}{\sigma_x^2+\sigma_1^2} - \frac{8g}{8g+r}\sigma_1^2}, \quad (5.6)$$

$$\alpha = -\frac{\mu_p\beta^2}{8g+r}. \quad (5.7)$$

In Gleichung (5.6) steht β sowohl auf der linken als auch auf der rechten Seite. Deshalb wird Gleichung (5.6) mit dem Nenner der rechten Seite multipliziert und danach der rechts verbleibende Zähler subtrahiert. Dann ergibt sich:

$$\frac{\hat{\beta}^3}{(8g+r)^2}\sigma_p^2 + \beta\left(\sigma_x^2 + \sigma_1^2 + \frac{16g^2}{(8g+r)^2}\frac{\sigma_1^4}{\sigma_x^2+\sigma_1^2} - \frac{8g}{8g+r}\sigma_1^2\right)$$
$$-\left(\sigma_x^2 + \frac{4g}{8g+r}\left(\frac{\sigma_x^4}{\sigma_x^2+\sigma_1^2} - \sigma_x^2\right)\right) = 0.$$

Nach Multiplizieren mit $(8g+r)^2$ erhält man:

$$\hat{\beta}^3\sigma_p^2 + \beta\left(\sigma_x^2 + \sigma_1^2 + \frac{16g^2}{(8g+r)^2}\frac{\sigma_1^4}{\sigma_x^2+\sigma_1^2} - \frac{8g}{8g+r}\sigma_1^2\right)(8g+r)^2$$
$$-\left(\sigma_x^2 + \frac{4g}{8g+r}\left(\frac{\sigma_x^4}{\sigma_x^2+\sigma_1^2} - \sigma_x^2\right)\right)(8g+r)^2 = 0$$

Dies lässt sich weiter vereinfachen zu:[109]

109 Die Berechnung findet sich im Anhang S. 88.

$$\beta^3\sigma_p^2 + \beta\left((4g+r)\sigma_1^2 + (8g+r)\sigma_x^2\right)^2 \frac{1}{\sigma_x^2+\sigma_1^2}$$
$$-\frac{(8g+r)\sigma_x^2\left((4g+r)\sigma_1^2 + (8g+r)\sigma_x^2\right)}{\sigma_x^2+\sigma_1^2} = 0. \tag{5.8}$$

Nach der Vorzeichenregel von Descartes (siehe S. 53) existieren maximal eine positive und eine negative Lösung für β. Da im Gleichgewicht die Reaktionsfunktionen selbsterfüllend sein müssen, werden die ^ im Folgenden unterdrückt. Gleichung (5.8) hat folgende Struktur: $V-U=0$; mit

$$V = \beta^3\sigma_p^2 + \beta\left((4g+r)\sigma_1^2 + (8g+r)\sigma_x^2\right)^2 \frac{1}{\sigma_x^2+\sigma_1^2} \quad \text{und}$$

$$U = \frac{(8g+r)\sigma_x^2\left((4g+r)\sigma_1^2 + (8g+r)\sigma_x^2\right)}{\sigma_x^2+\sigma_1^2}.$$

Wie man sieht, gilt $V>0$ für $\beta>0$ und $V<0$ für $\beta<0$. Zudem steigt V streng monoton in β. Da U unabhängig von β positiv ist, muss V ebenfalls positiv sein. Somit muss β positiv sein. Es existiert mithin insgesamt <u>eine</u> positive Lösung für β.

Eine explizite Lösung für β ist sehr aufwendig. Im Folgenden soll das Intervall für die implizite Lösung von β bestimmt werden.

Die linke Seite der Gleichung (5.8) wird dann schwach positiv mit $\beta^3\sigma_p^2$, wenn die letzten beiden Terme in Summe Null ergeben. Dort liegt die Obergrenze für β. Diese wird erreicht bei $\sigma_p^2 = 0$, da der erste Term hier exakt Null ist.

$$\beta\left((4g+r)\sigma_1^2 + (8g+r)\sigma_x^2\right)^2 \frac{1}{\sigma_x^2+\sigma_1^2} - \frac{(8g+r)\sigma_x^2\left((4g+r)\sigma_1^2 + (8g+r)\sigma_x^2\right)}{\sigma_x^2+\sigma_1^2} = 0$$

Die Obergrenze von β ist also:

$$\beta_{\max} = \frac{\dfrac{(8g+r)\sigma_x^2\left((4g+r)\sigma_1^2 + (8g+r)\sigma_x^2\right)}{\sigma_x^2+\sigma_1^2}}{\left((4g+r)\sigma_1^2 + (8g+r)\sigma_x^2\right)^2 \dfrac{1}{\sigma_x^2+\sigma_1^2}}.$$

Dies lässt sich vereinfachen zu:

$$\beta_{\max} = \frac{(8g+r)\sigma_x^2}{(4g+r)\sigma_1^2 + (8g+r)\sigma_x^2} \le 1. \tag{5.9}$$

Die Obergrenze für die Wertrelevanz wird auch hier wie in Kapitel drei maximal, wenn das private Signal des Managers nicht durch den Störterm verrauscht ist.

5.2.3 Untersuchung der Wertrelevanz

Im Modell von Ewert/Wagenhofer (2005) bzw. Fischer/Verrechia (2000) wurde der Kostenparameter für die Bilanzpolitik mit $r > 0$ angenommen.[110] In dieser Modellvariante ist es, wie bei der Maximierung des Nutzens des Managers festgestellt werden konnte, lediglich notwendig, dass entweder $r > 0$ oder $g > 0$ gilt (siehe Seite 67). Für den Fall $g = 0$ ergibt sich für Gleichung (5.8):

$$\beta^3 \sigma_p^2 + \beta\left(r\sigma_1^2 + r\sigma_x^2\right)^2 \frac{1}{\sigma_x^2 + \sigma_1^2} - \frac{r\sigma_x^2(r\sigma_1^2 + r\sigma_x^2)}{\sigma_x^2 + \sigma_1^2} = 0.$$

Daraus folgt:[111]

$$\beta^3 \sigma_p^2 + \beta(\sigma_x^2 + \sigma_1^2)r^2 - \sigma_x^2 r^2 = 0.$$

Ohne Glättungsanreiz ergibt sich mithin wieder das Ursprungsmodell. Hier muss $r > 0$ angenommen werden.

Für den Fall $r = 0$ ergibt sich für Gleichung (5.8):

$$\beta^3 \sigma_p^2 + \beta\left(4g\sigma_1^2 + 8g\sigma_x^2\right)^2 \frac{1}{\sigma_x^2 + \sigma_1^2} - \frac{8g\sigma_x^2(4g\sigma_1^2 + 8g\sigma_x^2)}{\sigma_x^2 + \sigma_1^2} = 0.$$

Aufgrund des negativen letzten Terms und der Tatsache, dass die beiden ersten Terme in β monoton steigen, gilt: $\beta > 0$. Die Obergrenze für β ergibt sich analog zum Vorgehen oben zu:

$$\beta_{\max} = \frac{8g\sigma_x^2(4g\sigma_1^2 + 8g\sigma_x^2)}{(4g\sigma_1^2 + 8g\sigma_x^2)^2} = \frac{8g\sigma_x^2}{4g\sigma_1^2 + 8g\sigma_x^2} = \frac{2\sigma_x^2}{2\sigma_x^2 + \sigma_1^2}. \qquad (5.10)$$

Aus der impliziten Lösung für β zeigt sich (analog zur impliziten Lösung für Gleichung (5.8)) weiterhin, dass die Wertrelevanz auch dann bei Unsicherheit über das Motiv des Managers größer Null ist, wenn es keine Kosten der Bilanzpolitik gibt. Der Manager wird aufgrund der Kovarianz zwischen dem von ihm beobachteten Gewinn und der optimalen Bilanzpolitik (siehe Gleichung (A6)) die Bilanzpolitik

110 Siehe Seite 49.
111 Siehe Seite 52, Gleichung (4.13).

unter Berücksichtigung des von ihm beobachteten Gewinns in Periode 1 wählen. Der Markt antizipiert diesen Anreiz und misst dem Bericht ein $\beta > 0$ zu.

Um den Einfluss der Variablen auf die Wertrelevanz für den allgemeinen Fall mit $r > 0$ und $g > 0$ zu untersuchen, folgen nun komparativ-statische Betrachtungen. Da die Lösung für β nur implizit gegeben ist, wird erneut der Satz über die Ableitung impliziter Funktionen wie im Kapitel 4 herangezogen.[112]

Hierzu ist wieder F_β zu bestimmen. Es ergibt sich aus der Ableitung von Gleichung (5.8) nach β:

$$F_\beta = 3\beta^2\sigma_p^2 + \frac{\left((4g+r)\sigma_1^2 + (8g+r)\sigma_x^2\right)^2}{\sigma_x^2 + \sigma_1^2} > 0. \tag{5.11}$$

F_β ist stets positiv.

5.2.3.1 Einfluss des Glättungsinteresses bzw. des Glättungsanreizes

Aus Gleichung (5.3) ging hervor, dass ein höheres Glättungsinteresse g einen höheren Glättungsanreiz $4g\left(E(\tilde{y}_2|y_1) - y_1\right)/(8g+r)$ bedeutet. Insofern können bei der Untersuchung des Gesamteffekts des Glättungsinteresses die gleichen Schlüsse für den Glättungsanreiz getroffen werden. Für die Teileffekte erweist sich aber die begriffliche Unterscheidung hilfreich.

Für F_g ergibt sich aus der partiellen Ableitung von Gleichung (5.8) nach g:

$$\begin{aligned} F_g = &-\frac{(8g+r)\sigma_x^2(4\sigma_1^2 + 8\sigma_x^2)}{\sigma_x^2 + \sigma_1^2} - \frac{8\sigma_x^2\left((4g+r)\sigma_1^2 + (8g+r)\sigma_x^2\right)}{\sigma_x^2 + \sigma_1^2} \\ &+ \frac{2(4\sigma_1^2 + 8\sigma_x^2)\left((4g+r)\sigma_1^2 + (8g+r)\sigma_x^2\right)\beta}{\sigma_x^2 + \sigma_1^2} \end{aligned} \tag{5.12}$$

Man erkennt, dass F_g für $\beta = 0$ negativ ist und linear in β steigt. Dabei bleiben die ersten beiden Terme negativ und entgegen wirkt der positive Term mit β. Sollte F_g auch für die Obergrenze der Wertrelevanz $\beta_{\max}$ noch negativ sein, dann ist F_g stets negativ. Um dies zu überprüfen, wird $\beta_{\max}$ aus Gleichung (5.9) in F_g eingesetzt und anschließend vereinfacht. Es ergibt sich:[113]

$$F_g = -\frac{4r\sigma_x^2\sigma_1^2}{\sigma_x^2 + \sigma_1^2} \leq 0. \tag{5.13}$$

112 Siehe Seite 53f.

113 Für die Herleitung siehe Anhang, S. 89.

F_g ist somit stets negativ, außer an der Stelle $\beta_{\max}$. Es muss folglich mit $F_\beta > 0$ für die Grenzrate der Substitution gelten:

$$\frac{d\beta}{dg} = -\frac{F_g}{F_\beta} \geq 0. \tag{5.14}$$

Damit ist nachgewiesen, dass ein höheres Glättungsinteresse ceteris paribus die Wertrelevanz steigert. Dies resultiert aus zwei Effekten: Ein höheres Glättungsinteresse vermindert die Bilanzpolitik, die aus dem Marktpreisanreiz resultiert. Gleichzeitig führt ein stärkerer Glättungsanreiz zu einer Verringerung des Rauschens im Berichts. Die Verringerung des Marktpreisanreizes bei höherem Glättungsinteresse kann man sich anhand des folgenden Beispiels verdeutlichen. Angenommen der Manager habe ein Interesse, den Marktpreis stark nach oben zu manipulieren ($p > 0$). Er wird also einerseits ein hohes b wählen wollen, andererseits würde er damit einen volatilen Ergebnisstrom erzeugen, der ihm entsprechend seiner Nutzenfunktion einen hohen Disnutzen einbringt. Er wird also nicht in vollem Umfang nach oben übertreiben.[114] Diesen Anreiz antizipiert der Investor und misst dem Bericht des Managers somit eine höhere Wertrelevanz zu.

1. Effekt: Verminderung des Marktpreisanreizes:

Die Verminderung des Marktpreisanreizes durch ein stärkeres Glättungsinteresse wird nun formal gezeigt:

Es gelte $\sigma_1^2 = 0$. Es besteht mithin Sicherheit über das Rauschen des privaten Signals des Managers. Aus den Gleichungen (5.12) und (5.13) folgt, dass F_g in diesem Fall genauso wie im allgemeinen Fall negativ, außer an der Stelle $\beta_{\max}$ ist. Somit gilt auch hier:

$$\frac{d\beta}{dg} = -\frac{F_g}{F_\beta} \geq 0.$$

Da keine Unsicherheit über das Rauschen besteht, resultiert die höhere Wertrelevanz bei stärkerer Glättung aus der Verminderung des Marktpreisanreizes. Ein bloßer Blick auf den Marktpreisanreiz in Gleichung (5.3) reicht für diese Erkenntnis nicht aus. Zwar kommt g dort im Nenner vor, allerdings ist der Einfluss von g auf die Wertrelevanz und somit der Nettoeffekt dort noch nicht eindeutig.

114 Im Falle $p < 0$ vermindert der Glättungsanreiz den Anreiz zum Untertreiben analog.

2. Effekt: Verringerung des Rauschens im Bericht:

Die Existenz des zweiten Effekts – der Verringerung des Rauschens im Bericht - lässt sich nun folgendermaßen zeigen:

Es gelte $\sigma_p^2 = 0$. Es besteht aus Sicht des Marktes also vollständige Information über das Marktpreisinteresse des Managers. Gemäß Gleichung (5.13) ist F_g in diesem Fall für $\sigma_x^2 > 0$ und $\sigma_1^2 > 0$ negativ. Die Wertrelevanz steigt auch in diesem Fall bei höherem Glättungsinteresse.

Da Sicherheit über das Marktpreisinteresse des Managers besteht, kann das Glättungsinteresse die Wertrelevanz nicht durch Abschwächung des Marktpreisanreizes steigern. Grund dafür ist, dass der Investor in diesem Fall den Marktpreisanreiz des Managers im Gleichgewicht exakt kennt und diesen im Achsenabschnitt bei der Preisbildung berücksichtigt. Nichtsdestoweniger steigt die Wertrelevanz wie man aus Gleichung (5.13) sieht. Dies resultiert daraus, dass der Manager die Bilanzpolitik wählt mit:[115]

$$b^* = \frac{p\hat{\beta}}{8g + r} + \frac{4g\left(E(\tilde{y}_2|y_1) - y_1\right)}{8g + r}$$

Er berücksichtigt bei seiner Glättung bereits teilweise die Tatsache, dass der Gewinn der ersten Periode verrauscht ist. Dies kann man sehen, wenn man Gleichung (A4) nach der Realisation von y_1 darstellt:

$$E[\tilde{y}_2|y_1] = \frac{Cov[\tilde{x} + \tilde{\varepsilon}_1, \tilde{x} + \tilde{\varepsilon}_2]}{Var[\tilde{y}_1]} y_1 = \frac{Cov[\tilde{x} + \tilde{\varepsilon}_1, \tilde{x}]}{Var[\tilde{y}_1]} y_1 = E[\tilde{x}|y_1].$$

Da die Störterme untereinander und vom wahren Wert unabhängig sind, kann man $\tilde{\varepsilon}_2$ aus der Kovarianz eliminieren. Es zeigt sich, dass der bedingte Erwartungswert für die zweite Periode nach Beobachtung des ersten Periodenergebnisses dem bedingten Erwartungswert für den wahren Wert nach Beobachtung des ersten Periodenergebnisses entspricht. Der Manager bringt das Ergebnis durch Glättung also seiner eigenen Vermutung über den wahren Unternehmenswert näher. Somit muss der Markt nicht mehr den vollen Teil des Rauschens durch σ_1^2 wertrelevanzmindernd berücksichtigen. Im Modell ohne Glättung ist die Bilanzpolitik nicht von der Ausprägung des Gewinns abhängig. Dort muss der Markt allein das Rauschen in der Wertrelevanz berücksichtigen.

Es existiert noch ein dritter Effekt. Dadurch, dass die beiden erstgenannten Effekte die Wertrelevanz des Berichts erhöhen, steigt der Anreiz zur Bilanzpolitik entsprechend des Marktpreisanreizes (erster Summand von b^*), wodurch die Wertrele-

115 Er bestimmt diese unter Berücksichtigung des bedingten Erwartungswertes $E[\tilde{y}_2|y_1] = \frac{\sigma_x^2}{\sigma_x^2 + \sigma_1^2} y_1$ (Gleichung (A4)).

vanz wiederum negativ beeinflusst wird. Dieser Effekt wird aber von den beiden zuerst genannten dominiert, so dass ein höheres Glättungsinteresse insgesamt eine höhere Wertrelevanz bedeutet.

Beispiel:

Um die Effekte zu verdeutlichen sei im Folgenden ein Beispiel betrachtet, bei dem ein steigendes Glättungsinteresse untersucht wird:
Die Parameter seien gegeben mit: $\sigma_p^2 = 4;\ \ \sigma_x^2 = 2;\ \ \sigma_1^2 = 1;\ \ r = 1$.
Zusätzlich realisiere sich als Ergebnis der ersten Periode $y_1 = 1$. Der Manager beobachte $p = 2$. Die Erwartung des Managers über das zweite Periodenergebnis bzw. den wahren Wert ergibt sich somit aus Gleichung (A4) zu $E[\tilde{y}_2|y_1] = E[\tilde{x}|y_1] = \sigma_x^2/(\sigma_x^2 + \sigma_1^2)y_1 = 2/3$. Die maximale Glättung würde der Manager durch die Wahl von $\left(E(\tilde{y}_2|y_1) - y_1\right)/2 = -1/6$ erreichen.[116] In Tabelle 5-1 werden nun die Ergebnisse aus einer numerischen Simulation für eine unterschiedlich starke Ausprägung des Glättungsinteresses dargestellt.

Glättungs-interesse	Marktpreis-anreiz	Glättungs-anreiz	Bilanz-politik	Bericht in t=1	Beta
0,5	0,2962	-0,1333	0,1629	0,8296	0,7404
0,7	0,2298	-0,1414	0,0884	0,7551	0,7583
0,9	0,1874	-0,1463	0,0411	0,7078	0,769
1,1	0,1581	-0,1496	0,0085	0,6752	0,775

Tabelle 5-1 Marktpreis- und Glättungsanreiz bei steigendem Glättungsinteresse-Beispiel

Dieses Beispiel stellt den Fall dar, dass Glättungsanreiz und Marktpreisanreiz entgegengesetzt wirken. Man sieht, dass ein höheres Glättungsinteresse den Marktpreisanreiz im Gleichgewicht reduziert. Damit nähern sich der Bericht des Managers und sein privates Signal an. Gleichzeitig steigt der Glättungsanreiz (vom Betrag her), wodurch sich der Bericht des Managers und die Vermutung des Managers über den wahren Wert annähern.

5.2.3.2 Einfluss des Kostenparameters

Für F_r ergibt sich aus der partiellen Ableitung von Gleichung (5.8) nach r:[117]

116 Siehe S. 62.

117 Die Herleitung findet sich im Anhang auf Seite 89.

$$F_r = -(8g+r)\sigma_x^2 - \frac{\sigma_x^2\left((4g+r)\sigma_1^2 + (8g+r)\sigma_x^2\right)}{\sigma_x^2 + \sigma_1^2} + 2\left((4g+r)\sigma_1^2 + (8g+r)\sigma_x^2\right)\beta$$

Wie bei F_g ist auf den ersten Blick nicht erkennbar, ob F_r positiv oder negativ ist. Allerdings „startet“ F_r negativ bei $\beta = 0$, steigt linear in β und wird maximal bei $\beta_{\max}$. Analog zu dem Vorgehen für F_g wird $\beta_{\max}$ (Gleichung (5.9)) eingesetzt. Es folgt:[118]

$$F_r = +\frac{4g\sigma_1^2\sigma_x^2}{\sigma_x^2 + \sigma_1^2} \geq 0. \tag{5.15}$$

Da F_r bei der Wertobergrenze $\beta_{\max}$ entsprechend Gleichung (5.15) positiv wird (außer für die Spezialfälle $\sigma_x^2 = 0$ und/oder $\sigma_1^2 = 0$) und für $\beta = 0$ negativ ist, ist der Einfluss von steigenden Kosten der Bilanzpolitik nicht eindeutig. Bei $\beta_{\max}$ gilt mit Gleichung (5.11) $-F_r / F_\beta < 0$, d.h., die Wertrelevanz des Berichts sinkt für steigende Kosten der Bilanzpolitik. Wenn die Wertrelevanz des Berichts im Gleichgewicht bereits maximal ist, dann führt eine zusätzliche Erhöhung der Kosten der Bilanzpolitik zu einer niedrigeren Wertrelevanz. Im Gleichgewicht mit $\beta = 0$ gilt $-F_r / F_\beta > 0$, d.h., die Wertrelevanz steigt mit höheren Kosten der Bilanzpolitik. Da F_r wie oben gesehen streng monoton in β steigt und die Höhe von β eine Funktion von $r, g, \sigma_p^2, \sigma_x^2, \sigma_1^2$ ist, hängt der Einfluss von r auf die Wertrelevanz im Gleichgewicht von diesen Parametern ab. Folgende numerische Beispiele demonstrieren unterschiedliche Gleichgewichtslösungen.

Beispiel 1:
Er werden folgende Parameter angenommen:

$$\sigma_p^2 = 4; \quad \sigma_x^2 = 2; \quad \sigma_1^2 = 1; \quad g = 0{,}5.$$

In Abbildung 5-1 ist auf der Abszisse die Wertrelevanz und auf der Ordinate die linke Seite von Gleichung (5.8) abgetragen. Der Schnittpunkt der Funktion mit der Abszisse stellt somit die Gleichgewichtslösung für Beta dar. Für weitere Werte finden sich die Gleichgewichtslösungen in Tabelle 5-2. Man sieht, dass die Funktion mit den höheren Kosten der Bilanzpolitik ($r = 5$) gegenüber der Ursprungsfunktion ($r = 1$) eine niedrigere Gleichgewichtslösung für die Wertrelevanz hat.

118 Für die Herleitung siehe Anhang Seite 90.

Kosten der Bilanzpolitik	Wertrelevanz des Berichts
1	0,740
2	0,731
3	0,724
4	0,718
5	0,713

Tabelle 5-2 komp. Statik- Einfluss von r- Numerisches Beispiel 1

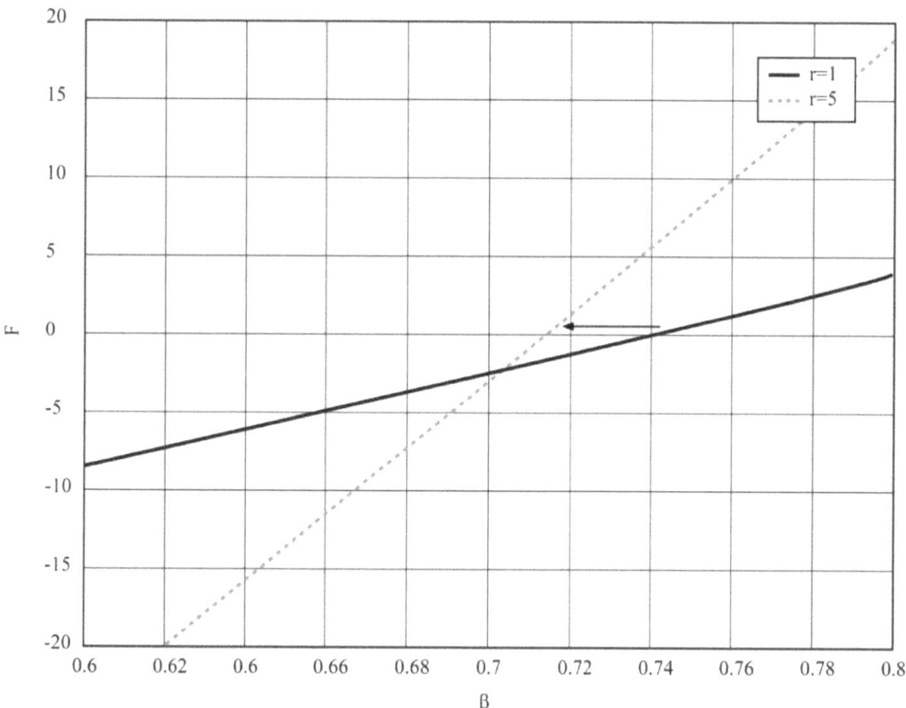

Abbildung 5-1 Einfluss von r - Beispiel 1

Beispiel 2:
Die Parameter sind gegeben durch:

$$\sigma_p^2 = 25;\ \ \sigma_x^2 = 2;\ \ \sigma_1^2 = 1;\ \ g = 0{,}5.$$

Im zweiten Beispiel sieht man aus Abbildung 5-2 und Tabelle 5-3, dass in diesem Fall höhere Kosten der Bilanzpolitik zu einer höheren Wertrelevanz führen. Die Nullstelle verschiebt sich mithin nach rechts.

Kosten der Bilanzpolitik	Wertrelevanz des Berichts
1	0,648
2	0,664
3	0,673
4	0,678
5	0,681

Tabelle 5-3 komp. Statik- Einfluss von *r*- Numerisches Beispiel 2

In diesem Beispiel wurde im Vergleich zum Beispiel 1 die Unsicherheit über das Marktpreisinteresse erhöht. Ceteris paribus sinkt in diesen Beispielen bei geringer Unsicherheit über das Marktpreisinteresse die Wertrelevanz mit steigenden Kosten der Bilanzpolitik. Bei hoher Unsicherheit über das Marktpreisinteresse steigt die Wertrelevanz mit steigenden Kosten der Bilanzpolitik. Damit ist der Einfluss der Kosten der Bilanzpolitik auf die Wertrelevanz nicht eindeutig. Um Tendenzaussagen zu den Einflussfaktoren zu ermöglichen, werden nun die beiden Extremfälle der Sicherheit über das Marktpreisinteresse bzw. der Sicherheit über das Rauschen untersucht.

Für den Fall der Sicherheit über das Marktpreisinteresse ($\sigma_p^2 = 0$) folgt aus Gleichung (5.8):

$$\beta\left((4g+r)\sigma_1^2+(8g+r)\sigma_x^2\right)^2\frac{1}{\sigma_x^2+\sigma_1^2}-\frac{(8g+r)\sigma_x^2\left((4g+r)\sigma_1^2+(8g+r)\sigma_x^2\right)}{\sigma_x^2+\sigma_1^2}=0.$$

Hier lässt sich die Wertrelevanz bestimmen als:

$$\beta_{\sigma_p^2=0}=\frac{(8g+r)\sigma_x^2}{(4g+r)\sigma_1^2+(8g+r)\sigma_x^2}.$$

Die Grenzrate der Substitution ergibt sich wie folgt:

$$\frac{d\beta}{dr}=-\frac{4g\sigma_1^2\sigma_x^2}{\left((4g+r)\sigma_1^2+(8g+r)\sigma_x^2\right)^2}<0. \tag{5.16}$$

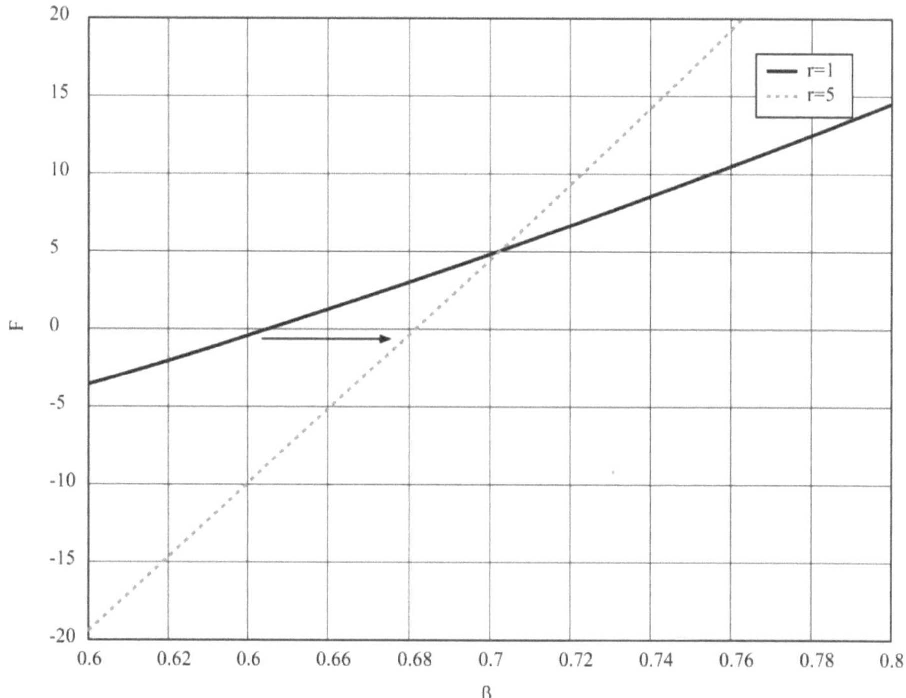

Abbildung 5-2 Einfluss von r - Beispiel 2

In Fall von Sicherheit über das Marktpreisinteresse des Managers vermindern höhere Kosten der Bilanzpolitik die Wertrelevanz. Grund dafür ist, dass durch die höheren Kosten eine geringere Glättung vom Manager gewählt wird. Dadurch wird weniger Rauschen aus dem Ergebnis eliminiert. Andererseits können die höheren Kosten der Bilanzpolitik nicht die Wertrelevanz durch Verminderung des Marktpreisanreizes erhöhen, da der Markt über dieses ohnehin perfekt informiert ist.

Im Fall der Sicherheit über das Rauschen $\sigma_1^2 = 0$ ergibt sich aus Gleichung (5.8):

$$\beta^3 \sigma_p^2 + \beta(8g+r)^2 \sigma_x^2 - (8g+r)^2 \sigma_x^2 = 0.$$

In diesem Fall betragen $F_\beta = 3\beta^2 \sigma_p^2 + (8g+r)^2 \sigma_x^2$ und $F_r = 2\beta(8g+r)\sigma_x^2 - 2(8g+r)\sigma_x^2$. Mit $\beta < 1$ folgt für die Grenzrate der Substitution:

$$\frac{d\beta}{dr} = -\frac{F_r}{F_\beta} = -\frac{3\beta^2 \sigma_p^2 + (8g+r)^2 \sigma_x^2}{-2(8g+r)\sigma_x^2 + 2\beta(8g+r)\sigma_x^2} > 0. \qquad (5.17)$$

Bei Sicherheit über das Rauschen, bringt die Glättung durch den Manager keine zusätzliche Information für den Markt. Mithin ist in diesem Fall unerheblich, dass der Glättungsanreiz durch steigende Kosten der Bilanzpolitik sinkt. Durch das gleichzeitige Senken des Marktpreisanreizes erzeugen höhere Kosten der Bilanzpolitik in diesem Fall immer eine höhere Wertrelevanz. Welche der beiden Effekte überwiegt, hängt von der Ausprägung der exogenen Größen ab. Eine Grenze lässt sich aufgrund der nur implizit gegebenen Lösung für β nicht bestimmen. Tendenziell wird aber wohl das Verhältnis der Unsicherheiten über das Marktpreisinteresse und das Rauschen ceteris paribus entscheidend sein.

5.2.3.3 Einfluss der Unsicherheit über Rauschen, Marktpreisinteresse und Unternehmenswert

Einfluss der Unsicherheit über das Rauschen:

Für $F_{\sigma_1^2}$ ergibt sich aus der partiellen Ableitung von Gleichung (5.8) nach σ_1^2:[119]

$$F_{\sigma_1^2} = \frac{4g(8g+r)\sigma_x^4 + \left(4g\sigma_1^2 + r(\sigma_x^2+\sigma_1^2)\right)\left(r(\sigma_x^2+\sigma_1^2) + 4g(2\sigma_x^2+\sigma_1^2)\right)\beta}{(\sigma_x^2+\sigma_1^2)^2}. \quad (5.18)$$

Da wegen Gleichung (5.11) gilt: $F_\beta > 0$, folgt:

$$\frac{d\beta}{d\sigma_1^2} = -\frac{F_{\sigma_1^2}}{F_\beta} < 0. \quad (5.19)$$

Eine schlechtere Qualität des vom Manager beobachteten Signals senkt die Wertrelevanz (direkter Effekt). Durch die gesunkene Wertrelevanz vermindert sich der Anreiz zur Verzerrung aus dem Marktpreisinteresse für den Manager, was die Wertrelevanz wiederum erhöht (indirekter Effekt). Wie in Kapitel 4 für das Ursprungsmodell festgestellt werden konnte, dominiert auch hier der direkte Effekt den indirekten.

Unsicherheit über das Marktpreisinteresse:

Aus der Ableitung von Gleichung (5.8) nach σ_p^2 ergibt sich: $F_{\sigma_p^2} = \beta^3$. Mit $F_\beta > 0$ (Gleichung (5.11)) folgt:

$$\frac{d\beta}{d\sigma_p^2} = -\frac{F_{\sigma_p^2}}{F_\beta} < 0. \quad (5.20)$$

119 Die Herleitung findet sich im Anhang auf Seite 90f.

Eine höhere Unsicherheit über das Marktpreisinteresse des Managers vermindert wie im Ursprungsmodell die Wertrelevanz des Berichts.

Unsicherheit über den Unternehmenswert:

Zum Abschluss wird noch die letzte Variable, die ex-ante Unsicherheit über den Unternehmenswert betrachtet. Es folgt:[120]

$$F_{\sigma_x^2} = -\frac{(8g+r)^2\sigma_x^2}{\sigma_x^2+\sigma_1^2} - \frac{(8g+r)\sigma_1^2\left((4g+r)\sigma_1^2+(8g+r)\sigma_x^2\right)}{(\sigma_x^2+\sigma_1^2)^2}$$
$$+\frac{\left((4g+r)\sigma_1^2+(8g+r)\sigma_x^2\right)\left((12g+r)\sigma_1^2+(8g+r)\sigma_x^2\right)}{(\sigma_x^2+\sigma_1^2)^2}\beta$$

Hier ist analog zu den Fällen F_g und F_r nicht auf den ersten Blick das Vorzeichen zu erkennen. Da der Term linear in β steigt und bei $\beta = 0$ negativ startet, wird $\beta_{\max}$ eingesetzt. Es ergibt sich nach Vereinfachen:[121]

$$F_{\sigma_x^2} = -\frac{(4g+r)(8g+r)\sigma_1^2}{\sigma_x^2+\sigma_1^2}. \tag{5.21}$$

Da $F_{\sigma_x^2}$ auch bei $\beta_{\max}$ noch negativ ist folgt mit $F_\beta > 0$:

$$\frac{d\beta}{d\sigma_x^2} = -\frac{F_{\sigma_x^2}}{F_\beta} > 0. \tag{5.22}$$

Hier ergibt sich wie im Fall des Ursprungsmodells in Kapitel 4, dass eine steigende Unsicherheit über den Unternehmenswert die Wertrelevanz des Berichts erhöht.

5.2.4 Diskussion und Erweiterungen

In der vorgestellten Modellierung bleibt der Unternehmenswert in beiden Perioden identisch. Dies entspricht der Modellierung bei Ewert und Wagenhofer (2005). Der Unternehmenswert ist nur eine exogene Größe, da der Manager keinen produktiven Input leistet. Die Alternative wäre, dass sich der Unternehmenswert in Periode 2 unabhängig von Periode 1 neu realisiert. Aus dem ursprünglichen Kalkül des Managers Gleichung (5.3):

120 Die Herleitung findet sich im Anhang S. 91f.
121 Siehe Anhang S. 92.

$$b^* = \frac{p\hat{\beta}}{8g+r} + \frac{4g\left(E(\tilde{y}_2|y_1) - y_1\right)}{8g+r},$$

würde dann durch die Annahme, dass der Unternehmenswert und die Verzerrung in Periode 2 (unabhängig vom Ergebnis der Periode 1) um den Erwartungswert Null verteilt sind, sich das Kalkül des Managers ergeben zu:

$$b^* = \frac{p\hat{\beta}_*}{8g+r} - \frac{4gy_1}{8g+r}.$$

In diesem Fall verfügt der Manager am Ende von Periode 1 nicht mehr über eine bessere Information über das Ergebnis der zweiten Periode als der Markt. Mithin würde die Kommunikation dieser Information über Glättung nicht stattfinden. Dennoch korrelieren auch hier das vom Manager beobachtete Ergebnis mit der gewählten Verzerrung (und somit auch mit dem Bericht des Managers). Der Manager berücksichtigt bei der Wahl der Bilanzpolitik seine Information über das Ergebnis der ersten Periode. Der wertrelevanzerhöhende Effekt eines stärkeren Glättungsanreizes lässt sich somit auch in dieser Modellvariante vermuten. Da der Manager bei der Wahl der Verzerrung das von ihm beobachtete private Signal auch in dieser Variante berücksichtigt, kommuniziert er aber zumindest teilweise diesen Wissensvorsprung über das Ergebnis der Periode 1.

Selbstverständlich bietet dieses Modell auch Erweiterungsmöglichkeiten bezüglich des Glättungsinteresses. So könnte man annehmen, dass das Glättungsinteresse ebenfalls normalverteilt ist und nur vom Manager selbst beobachtet werden kann. Andererseits werden die Investoren gerade diejenigen sein, die mit dem Management Verträge ausgehandelt haben, die implizit oder explizit zu Glättungsanreizen führen werden. Dies spräche eher dafür, dass die Höhe des Glättungsinteresses dem Investor bekannt sein sollte. Jedoch konnte in einigen Modellen in Kapitel vier (z. B. im Modell von Healy (1983)) gesehen werden, dass die Stärke des Glättungsanreizes von der individuellen Risikoaversion des Managers abhängt. Ob diese dem Markt jederzeit bekannt ist, ist fraglich. Bezüglich des Marktpreisinteresses kann diese Argumentation im übrigen nicht verfolgt werden, da das Management auch Anreize zu einem hohen oder niedrigen Marktpreis haben kann, die nicht aus dem Vertrag mit dem Investor hervorgehen und die der Investor auch nicht beobachten kann. Als Beispiel sei die Vorbereitung eines Management Buyouts genannt. Eine weitere Möglichkeit bestünde darin, das Glättungsinteresse zu endogenisieren. So könnte von einem positiven Zusammenhang zwischen der ex-ante Unsicherheit über den wahren Unternehmenswert und dem Glättungsanreiz ausgegangen werden.

Eine Nutzenbetrachtung wie im Modell von Fischer und Verrechia (2000) würde in der hier vorgestellten Variante keine zusätzlichen Erkenntnisse bringen.

Grund dafür ist, dass der Manager sowohl seinen ex-ante erwarteten als auch seinen ex-post realisierten Nutzen (nach Beobachtung des privaten Signals) aus der treibenden Kraft der Unsicherheit über das Marktpreisinteresse zieht. In der vorliegenden Variante wird der Manager lediglich zusätzlich um eine Komponente für einen volatilen Ergebnisstrom bestraft. Die positive Nutzenkomponente bleibt davon unberührt.

5.2.5 Zusammenfassung

In diesem Kapitel wurde das Modell von Ewert und Wagenhofer (2005) durch die Einführung eines Glättungsanreizes und die Eliminierung der Unterscheidung zwischen realer und buchmäßiger Bilanzpolitik modifiziert. In dieser zweiperiodigen Variante des Ursprungsmodells von Fischer und Verrechia (2000) sind die intuitiven Ergebnisse für die Unsicherheit über das Marktpreisinteresse, die Unsicherheit über den Unternehmenswert und die Unsicherheit über das Rauschen erhalten geblieben.

Einfluß-faktor	$\beta\uparrow$	$\beta\downarrow$	Gesamt-effekt
$\sigma_p^2\uparrow$		Die höhere Unsicherheit über das Marktpreisinteresse des Managers senkt die Wertrelevanz des Berichts.	$\beta\downarrow$
$\sigma_x^2\uparrow$	Stärkere ex-ante Unsicherheit über den Unternehmenswert erhöht die Bedeutung des Berichts des Managers.	Die höhere Wertrelevanz erhöht allerdings der Marktpreisanreiz des Managers, der wiederum negativ auf die Wertrelevanz wirkt.	$\beta\uparrow$
$\sigma_l^2\uparrow$	Eine niedrigere Wertrelevanz des Berichts (siehe rechts), vermindert den Marktpreisanreiz des Managers. Dies wirkt wertrelevanzerhöhend.	Die schlechtere Qualität des privaten Signals des Managers vermindert die Wertrelevanz des Berichts.	$\beta\downarrow$
$r\uparrow$	Die höheren Kosten der Bilanzpolitk vermindern den Marktpreisanreiz des Managers und erhöhen somit die Wertrelevanz.	Die höheren Kosten der Bilanzpolitik senken den Glättungsanreiz des Managers und somit wird durch den Manager weniger des Rauschens eliminiert, wodurch die Wertrelevanz sinkt.	$\beta\uparrow\downarrow$
$g\uparrow$	1. Höherer Glättungsanreiz vermindert den Marktpreisanreiz des Managers. 2. Stärkere Glättung führt zu weniger Rauschen im Bericht.	1. und 2. erhöhen die Wertrelevanz und somit auch den Marktpreisanreiz. Dies wiederum senkt die Wertrelevanz.	$\beta\uparrow$

Tabelle 5-4 Zusammenfassung der Einflussfaktoren auf die Wertrelevanz

Als neue Ergebnisse zeigen sich ein positiver Wirkungszusammenhang zwischen Glättungsanreiz und Wertrelevanz, sowie ein nicht mehr für alle Parameter gleichgerichteter Zusammenhang zwischen den Kosten der Bilanzpolitik und der Wertrelevanz.

Ein stärkerer Glättungsanreiz führt zu einem geringeren Rauschen im Bericht des Managers. Der Manager nutzt seinen Informationsvorsprung über das Ergebnis der zweiten Periode, um einen glatten Ergebnisstrom zu erreichen. Durch Glättung kommuniziert er diese Information teilweise. Dieser wertrelevanzerhöhende Effekt durch Glättung ist auch schon bei Sankar und Subramanyam (2001) untersucht worden. Zusätzlich zeigt das hier vorgestellte Modell, dass ein höheres Glättungsinteresse den Marktpreisanreiz des Managers vermindern kann und somit ebenfalls wertrelevanzerhöhend wirkt. Die Erhöhung der Wertrelevanz durch Glättung wird auch empirisch gestützt durch Ergebnisse von Zarowin (2002) und Subramanyam (1996).[122]

Für die Kosten der Bilanzpolitik ergibt sich kein eindeutiger Wirkungszusammenhang zur Wertrelevanz. So führen zwar einerseits höhere Kosten der Bilanzpolitik wie im Ursprungsmodell zu einer Reduzierung des Marktpreisanreizes des Managers und somit zu einer höheren Wertrelevanz. Andererseits wird dadurch der Glättungsanreiz geschmälert und somit weniger des Rauschens des vom Manager beobachteten privaten Signals eliminiert. Dies wirkt wertrelevanzmindernd. Welche der beiden Kräfte überwiegt hängt von der konkreten Parameterkonstellation ab. Aufgrund der impliziten Lösung für die Wertrelevanz lassen sich die Aussagen nicht näher spezifizieren. Für den Fall der Sicherheit über das Rauschen des vom Manager beobachteten Signals führen höhere Kosten der Bilanzpolitik zu einer höheren Wertrelevanz. Im Fall eines sicheren Marktpreisinteresses führen höhere Verzerrungskosten zu einer niedrigeren Wertrelevanz.

Entsprechend dem Ursprungsmodell führt eine höhere ex-ante Unsicherheit über den wahren Unternehmenswert zu einer höheren Wertrelevanz des Berichts. Dieses auch auf den ersten Blick intuitives Ergebnis ergibt sich daraus, dass die Kosten der Verzerrung unabhängig von der Wertunsicherheit sind. Alternativ könnte man annehmen, dass eine höhere Wertunsicherheit die Kosten der Verzerrung senkt. In diesem Fall entstünde mit höherer Wertunsicherheit eine Gegenkraft, die wertrelevanzmindernd wirken würde. Der tatsächliche Nettoeffekt hinge von der konkreten Ausgestaltung des funktionalen Zusammenhangs ab.[123] Eine Zusammenfassung der komparativ-statischen Überlegungen findet sich in Tabelle 5-4.

Als Konsequenz sollten Standardsetter berücksichtigen, dass striktere Rechnungslegungsvorschriften, durch in Theorie und Praxis nachgewiesene Glättungsanreize, nicht zwangsläufig zu einer höheren Wertrelevanz führen. Vielmehr wird es in der Tendenz davon abhängen, wie stark die Unsicherheit über das Marktpreisinteresse des Managements ausgeprägt ist und wie hoch das Rauschen in der Information über den Unternehmenswert durch die Rechnungslegung ist. Wertrelevanzerhöhend wirkt in jedem Fall eine geringere Unsicherheit über das Marktpreisinteresse des Managements. In diesem Sinne stellt der Deutsche Corporate Governance Codex, der genaue Angaben zur Höhe und Struktur der Managemententlohnung fordert,

122 Für eine Diskussion empirischer Arbeiten zu diesem Thema, vgl. Hunt/Moyer/Shevlin (1996).

123 Vgl. Callsen-Bracker (2006), S. 93.

einen wichtigen Beitrag dar. Mögliche Maßnahmen sind hier weitere Angaben über die Vergütung des Managements, die Laufzeit der Verträge und die Laufzeit von Aktienoptionsprogrammen sowie über den Zeitpunkt von Verhandlungen über das nächste Aktienoptionsprogramm.[124]

124 Nicht im Mittelpunkt steht hier die Kritik an einer zu kurzfristig orientierten Bezahlung von Managern. Für höhere Preiseffizienz ist die aus dem Modell abzuleitende Empfehlung lediglich die Unsicherheit über das Marktpreisinteresse zu reduzieren.

6 Fazit

Die Bilanzskandale um Worldcom und Enron Anfang des Jahrtausends haben der Öffentlichkeit Fehlanreize bei der Finanzberichterstattung durch Manager wieder deutlich vor Auge geführt. Die Reaktion darauf war die deutliche Verschärfung des regulatorischen Umfelds der Rechnungslegung in den USA u.a. durch den Sarbanes-Oxley Act. In diesem Zusammenhang versprach man sich eine wahrheitsgemäßere Berichterstattung von Managern durch schärfere ex-post Sanktionierung bei der Feststellung von verzerrter Berichterstattung. Eine Möglichkeit, diese angestrebte Verbesserung messbar zu operationalisieren, stellt das Ergebnisqualitätskonzept der Wertrelevanz dar.

Grundsätzlich können verzerrte Berichte denselben Informationsgehalt besitzen wie unverzerrte Berichte. Diese perfekte Anpassung des Marktes um die Verzerrung gelingt aber nur bei Kenntnis des Berichtsmotivs des Managers. Bei unsicherem Berichtsmotiv hängt die Wertrelevanz von den exogenen Größen ab.

Es kann empirisch festgestellt werden, dass unter den auf Manager wirkenden Fehlanreizen Marktpreisanreize und Glättungsanreize zu finden sind. Theoretische Modelle liefern Erklärungsansätze für das Entstehen dieser Anreize.

Aufbauend auf Fischer und Verrechia (2000) untersuchen Ewert und Wagenhofer (2005) die Situation eines Managers in einem zweiperiodigen Modell, der ein für den Markt unsicheren Marktpreisanreiz hat. Der Manager hat in diesem Setting die Möglichkeit zu realer und buchmäßiger Bilanzpolitik. Ihre Untersuchung zielt dabei vor allem auf den (unerwünschten) Substitutionseffekt zwischen buchmäßiger und realer Bilanzpolitik bei der Erhöhung von Kosten der Bilanzpolitik ab. Die vorliegende Arbeit erweitert das Modell von Fischer und Verrechia (2000) in gleicher Weise auf zwei Perioden, allerdings ohne die Möglichkeit zu realer Bilanzpolitik. Zusätzlich wird ein exogener Glättungsanreiz eingeführt. Es zeigt sich, dass stärkere Glättungsanreize einerseits den Marktpreisanreiz senken und andererseits das Rauschen im Bericht reduzieren. Diese beiden Effekte wirken wertrelevanzerhöhend. Höhere Kosten der Bilanzpolitik führen im Gegensatz zum Ursprungsmodell nicht zwangsläufig zu einer größeren Wertrelevanz des Berichts. Einerseits wird durch sie zwar der Marktpreisanreiz gesenkt, andererseits sinkt auch der Glättungsanreiz und es wird so weniger des Rauschens im Bericht eliminiert.

Abgesehen von den eben erwähnten Effekten von höheren Kosten der Bilanzpolitik lässt sich eine weitere potentiell negative Folge identifizieren. So zeigen Cohen et al. (2008) empirisch, dass nach der Einführung des Sarbanes-Oxley Acts das Ausmaß buchmäßiger Bilanzpolitik zurückgegangen und das realer Bilanzpolitik gestiegen ist. Sie treffen allerdings keine Aussage, ob insgesamt das Ausmaß von Bilanzpolitik gestiegen oder gesunken ist. In jedem Fall empfiehlt sich vor weiteren Rufen nach schärferen Rechnungslegungsregelungen (z.B. im Zusammenhang mit der gerade andauernden Kreditkrise) zu überprüfen, ob die letzten Verschärfungen tatsächlich zu einer höheren Wertrelevanz geführt haben.

Anhang

Allgemeine Rechenregeln

Bedingter Erwartungswert einer bivariaten Normalverteilung

A und D seien zwei Zufallsvariablen mit den Ausprägungen a und d. Dann gilt für den bedingten Erwartungswert von A, wenn d bereits realisiert ist:

$$E[A|d] = \mu_A + \frac{Cov[A,D]}{Var[D]} \cdot (d - \mu_D).$$

Bedingte Varianz einer bivariaten Normalverteilung

$$Var[\tilde{x}|P] = Var[\tilde{x}] - \frac{Cov[\tilde{x},\tilde{P}]^2}{Var[\tilde{P}]}$$

Zu Kapitel 4)

Berechnung des Erwartungsnutzen des Managers:[125]

$$E[U] = E\left[\tilde{p}(\beta(\tilde{y}_1 + b) + \alpha) - \frac{rb^2}{2}\right] \tag{4.20}$$

$$= E\left[\tilde{p}\beta \cdot \tilde{y}_1 + \tilde{p}\beta \cdot b + \tilde{p}\alpha) - \frac{rb^2}{2}\right].$$

Mit Einsetzen von $\alpha = -\beta^2 \mu_p / r$ (Gleichung 3.12), $E[\tilde{y}_1] = 0$ und $b = \beta p / r$ (Gleichung 3.9) folgt:

$$= E\left[\tilde{p}\beta \cdot \tilde{y}_1 + \frac{\tilde{p}^2\beta^2}{r} - \tilde{p}\frac{\beta^2\mu_p}{r} - \frac{r\beta^2\tilde{p}^2}{2r^2}\right]$$

125 Vgl. Callsen-Bracker (2006), S. 134.

$$= E\left[\tilde{p}^2\right]\frac{\beta^2}{r} - \frac{\beta^2\mu_p^2}{r} - E\left[\tilde{p}^2\right]\frac{\beta^2}{2r}$$

$$= E\left[\tilde{p}^2\right]\frac{\beta^2}{2r} - \frac{\beta^2\mu_p^2}{2r} - \frac{\beta^2\mu_p^2}{2r}.$$

Mit dem Verschiebungssatz der Statistik $\sigma_p^2 = E\left[\tilde{p}^2\right] - \mu_p^2$ ergibt sich:

$$= \frac{\beta^2}{2r}\left(E\left[\tilde{p}^2\right] - \mu_p^2 - \mu_p^2\right) = \frac{\beta^2}{2r}\left(\sigma_p^2 - \mu_p^2\right) \qquad (4.21)$$

Berechnung des bedingten Erwartungsnutzen des Managers (ex-post):[126]

$$E\left[U|p\right] = E\left[\tilde{p}\beta\cdot\tilde{y}_1 + p^2\frac{\beta^2}{r} - p\frac{\beta^2\mu_p}{r} - \frac{r\cdot\tilde{p}^2\cdot\beta^2}{2r^2}\middle| p\right]$$

$$= p^2\frac{\beta^2}{r} - p\frac{\beta^2\mu_p}{r} - p^2\frac{\beta^2}{2r}$$

$$= p^2\frac{\beta^2}{2r} - p\frac{\beta^2\mu_p}{r} = \frac{\beta^2}{2r}(p^2 - 2p\mu_p)$$

$$= \frac{\beta^2}{2r}(p^2 - 2p\mu_p + \mu_p^2 - \mu_p^2)$$

$$E\left[U|p\right] = \frac{\beta^2}{2r}\left((p-\mu_p)^2 - \mu_p^2\right) \qquad (4.23)$$

Zu Kapitel 5)

Vereinfachung der Nutzenfunktion des Managers

$$E\left[U\right] = p(\hat{\alpha} + \hat{\beta}(y_1 + b)) - E[g(m_1 - \tilde{m}_2)^2] - \frac{rb^2}{2}$$

$$= p(\hat{\alpha} + \hat{\beta}(y_1 + b)) - gE[(m_1{}^2 - 2m_1\tilde{m}_2 + \tilde{m}_2{}^2)] - \frac{rb^2}{2}.$$

126 Vgl. Callsen-Bracker (2006), S. 134.

Mit dem Verschiebungssatz

$$Var\left[\widetilde{m}_2 \middle| y_1\right] = E\left[\widetilde{m}_2{}^2 \middle| y_1\right] - (E\left[\widetilde{m}_2 \ \middle| y_1\right])^2$$

und Einsetzen von $m_1 = y_1 + b$ und $m_2 = \widetilde{y}_2 - b.$ ergibt sich:

$$= p(\hat{\alpha} + \hat{\beta}(y_1 + b)) - g((y_1 + b)^2 - 2(y_1 + b)(E\left[\widetilde{y}_2 \middle| y_1\right] - b) + Var\left[\widetilde{m}_2 \middle| y_1\right]$$
$$+ (E\left[\widetilde{y}_2 \middle| y_1\right] - b)^2) - \frac{rb^2}{2}$$
$$= p(\hat{\alpha} + \hat{\beta}(y_1 + b)) - g((y_1 + b)^2 - 2(y_1 + b)(E\left[\widetilde{y}_2 \middle| y_1\right] - b) + Var\left[\widetilde{y}_2 + b \middle| y_1\right]$$
$$+ (E\left[\widetilde{y}_2 \middle| y_1\right] - b)^2) - \frac{rb^2}{2}$$
$$= p(\hat{\alpha} + \hat{\beta}(y_1 + b)) - g(y_1 + b)^2 + 2g(y_1 + b)(E\left[\widetilde{y}_2 \middle| y_1\right] - b)$$
$$- gVar\left[\widetilde{y}_2 \middle| y_1\right] - g(E\left[\widetilde{y}_2 \middle| y_1\right] - b)^2 - \frac{rb^2}{2}$$

Berechnung von Gleichung (5.4):

$$\text{gggg(} \quad E[\widetilde{x} | m_1] = \frac{Cov[\widetilde{x}, \widetilde{m}_1]}{Var[\widetilde{m}_1]}(m_1 - E[\widetilde{b}]). \tag{5.4}$$

Im Folgenden werden zuerst der Nenner und dann der Zähler des ersten Faktors berechnet.

Berechnung des Nenners:

Die Varianz von $\widetilde{m}_1$ in t=0 ergibt sich zu:

$$Var[\widetilde{m}_1] = Var[\widetilde{y}_1 + \widetilde{b}] = Var[\widetilde{y}_1] + Var[\widetilde{b}] + 2Cov[\widetilde{y}_1, \widetilde{b}]. \tag{A1}$$

Die Terme für Gleichung (A1) werden im Folgenden berechnet:

Die Varianz des privaten Signals ergibt sich zu: $Var[\widetilde{y}_1] = \sigma_x^2 + \sigma_1^2$, da $\widetilde{x}$ und $\widetilde{\varepsilon}_t$ unabhängig verteilt sind. (A2)

Die Varianz von $\widetilde{b}$ ergibt sich mit Gleichung (5.3) zu:

$$Var[\widetilde{b}] = Var\left[\frac{\widetilde{p}\hat{\beta} + 4g\left(E(\widetilde{y}_2|\widetilde{y}_1) - \widetilde{y}_1\right)}{8g+r}\right]$$

Da $\widetilde{p}$ unabhängig von $\widetilde{y}_t$ und dem bedingten Erwartungswert verteilt ist, gilt:

$$Var[\widetilde{b}] = \frac{\hat{\beta}^2}{(8g+r)^2}\sigma_p^2 + \frac{16g^2}{(8g+r)^2}Var[E(\widetilde{y}_2|\widetilde{y}_1 - \widetilde{y}_1] \qquad \text{(A3)}$$

Um die Varianz des letzten Terms bestimmen zu können wird die Formel für den bedingten Erwartungswert angewandt siehe Anhang S. 90. Mit $\mu_x = \mu_1 = \mu_2 = 0$ und der Unabhängigkeit der $\widetilde{\varepsilon}_t$ untereinander als auch von $\widetilde{x}$ folgt:

$$E[\widetilde{y}_2|\widetilde{y}_1] = \mu_x + \mu_2 + \frac{Cov[\widetilde{x}+\widetilde{\varepsilon}_1, \widetilde{x}+\widetilde{\varepsilon}_2]}{Var[\widetilde{y}_1]}(\widetilde{y}_1 - \mu_x - \mu_1) = \frac{\sigma_x^2}{\sigma_x^2 + \sigma_1^2}\widetilde{y}_1 \qquad \text{(A4)}$$

Gleichung (A4) in (A3) eingesetzt ergibt:

$$Var[\widetilde{b}] = \frac{\hat{\beta}^2}{(8g+r)^2}\sigma_p^2 + \frac{16g^2}{(8g+r)^2}Var\left[\frac{\sigma_x^2}{\sigma_x^2+\sigma_1^2}\widetilde{y}_1 - \widetilde{y}_1\right]$$

bzw.

$$Var[\widetilde{b}] = \frac{\hat{\beta}^2}{(8g+r)^2}\sigma_p^2 + \frac{16g^2}{(8g+r)^2}Var\left[-\frac{\sigma_1^2}{\sigma_x^2+\sigma_1^2}\widetilde{y}_1\right],$$

und mit (A2):

$$Var[\widetilde{b}] = \frac{\hat{\beta}^2}{(8g+r)^2}\sigma_p^2 + \frac{16g^2}{(8g+r)^2}\frac{\sigma_1^4}{\sigma_x^2+\sigma_1^2}. \qquad \text{(A5)}$$

Zuletzt ist zur Bestimmung von Gleichung (A1) noch die Kovarianz zwischen $\widetilde{y}_1$ und $\widetilde{b}$ zu berechnen. Einsetzen von Gleichung (5.3) für $\widetilde{b}$ ergibt:

$$Cov[\widetilde{y}_1, \widetilde{b}] = Cov\left[\widetilde{y}_1, \frac{\widetilde{p}\hat{\beta} + 4g\left(E(\widetilde{y}_2|\widetilde{y}_1) - \widetilde{y}_1\right)}{8g+r}\right] = Cov\left[\widetilde{y}_1, \frac{4g\left(E(\widetilde{y}_2|\widetilde{y}_1) - \widetilde{y}_1\right)}{8g+r}\right]$$

da $\widetilde{y}_1$ und $\widetilde{p}$ voneinander unabhängig sind. Der Kovarianzterm kann nun auseinander gezogen werden zu:

$$Cov[\tilde{y}_1,\tilde{b}]=\frac{4g}{8g+r}\left(Cov[\tilde{y}_1,E(\tilde{y}_2|\tilde{y}_1)]+Cov[\tilde{y}_1,-\tilde{y}_1]\right).$$

Für den bedingten Erwartungswert $E(\tilde{y}_2|\tilde{y}_1)$ wird erneut (A4) eingesetzt:

$$Cov[\tilde{y}_1,\tilde{b}]=\frac{4g}{8g+r}\left(Cov\left[\tilde{y}_1,\frac{\sigma_x^2}{\sigma_x^2+\sigma_1^2}\tilde{y}_1\right]-Cov[\tilde{y}_1,\tilde{y}_1]\right),$$

Mit (A2) für $\tilde{y}_1$ ergibt sich schließlich:

$$Cov[\tilde{y}_1,\tilde{b}]=\frac{4g}{8g+r}\cdot\left(\frac{\sigma_x^2}{\sigma_x^2+\sigma_1^2}(\sigma_x^2+\sigma_1^2)-(\sigma_x^2+\sigma_1^2)\right),$$ bzw.

$$Cov[\tilde{y}_1,\tilde{b}]=-\frac{4g}{8g+r}\sigma_1^2. \tag{A6}$$

Im Gegensatz zum Modell in Kapitel vier liegt nun eine von Null verschiedene Kovarianz zwischen dem ersten Ergebnis und der Wahl der Bilanzpolitik vor. Diese negative Kovarianz steigt mit dem Rauschen im Bericht σ_1^2. Sie entsteht dadurch, dass der Manager aufgrund seines Glättungsanreizes versucht, die beiden Periodenergebnisse einander anzugleichen. Nimmt man ein starkes Rauschen des privaten Signals im Vergleich zur Varianz des Unternehmenswerts an, so sieht man, dass der Manager bei starkem Abweichen des ersten Periodenergebnisses vom ex-ante Erwartungswert diese Differenz vor allem auf das Rauschen zurückführen wird. Er würde hier in Richtung des ex-ante Erwartungswertes glätten.

Mit diesen Teilergebnissen lässt sich die Varianz für Gleichung (A1) (also der Nenner der Preisbestimmungsgleichung) $Var[\tilde{m}_1]=Var[\tilde{y}_1]+Var[\tilde{b}]+2Cov[\tilde{y}_1,\tilde{b}]$ durch Einsetzen der Gleichungen (A6), (A5) und (A2) berechnen zu:

$$Var[\tilde{m}_1]=\sigma_x^2+\sigma_1^2+\frac{\hat{\beta}^2}{(8g+r)^2}\sigma_p^2+\frac{16g^2}{(8g+r)^2}\frac{\sigma_1^4}{\sigma_x^2+\sigma_1^2}-\frac{8g}{8g+r}\sigma_1^2. \tag{A7}$$

Berechnung des Zählers:

Die Berechnung des Zählers des ersten Faktors der Preisbestimmungsgleichung (5.4) lautet:

$$Cov[\tilde{x},\tilde{m}_1] = Cov[\tilde{x},\tilde{y}_1] + Cov[\tilde{x},\tilde{b}]$$

$$= \sigma_x^2 + Cov[\tilde{x},\tilde{b}]$$

$$= \sigma_x^2 + Cov\left[\tilde{x},\frac{\tilde{p}\hat{\beta} + 4g\left(E(\tilde{y}_2|\tilde{y}_1) - \tilde{y}_1\right)}{8g+r}\right].$$

Da $\tilde{p}$ von allen anderen Zufallsvariablen unabhängig ist, lässt sich nach Einsetzen von Gleichung (A4) weiter vereinfachen zu:

$$= \sigma_x^2 + \frac{4g}{8g+r}\left(Cov\left[\tilde{x},\frac{\sigma_x^2}{\sigma_x^2+\sigma_1^2}\tilde{y}_1\right] + Cov[\tilde{x},-\tilde{y}_1]\right) \quad \text{bzw.}$$

$$Cov[\tilde{x},\tilde{m}_1] = \sigma_x^2 + \frac{4g}{8g+r}\left(\frac{\sigma_x^4}{\sigma_x^2+\sigma_1^2} - \sigma_x^2\right). \quad \text{(A8)}$$

Damit ist der Zähler bestimmt. Durch Einsetzen der Gleichungen (A8), (A7) sowie von $E[\tilde{y}_1]=0$ und $E[\tilde{b}]$ aus Gleichung (5.3) in die Marktpreisgleichung (5.4) ergibt sich:

$$P = E[\tilde{x}|m_1] = \frac{Cov[\tilde{x},\tilde{m}_1]}{Var[\tilde{m}_1]}(m_1 - E[\tilde{y}_1 + \tilde{b}]).$$

$$= \frac{\sigma_x^2 + \frac{4g}{8g+r}\left(\frac{\sigma_x^4}{\sigma_x^2+\sigma_1^2} - \sigma_x^2\right)}{\sigma_x^2 + \sigma_1^2 + \frac{\hat{\beta}^2}{(8g+r)^2}\sigma_p^2 + \frac{16g^2}{(8g+r)^2}\frac{\sigma_1^4}{\sigma_x^2+\sigma_1^2} - \frac{8g}{8g+r}\sigma_1^2}\left(m_1 - \frac{\mu_p\beta}{8g+r}\right). \quad (5.5)$$

Vereinfachung von Gleichung (5.8)

$$\hat{\beta}^3\sigma_p^2+\beta\left(\sigma_x^2+\sigma_1^2+\frac{16g^2}{(8g+r)^2}\frac{\sigma_1^4}{\sigma_x^2+\sigma_1^2}-\frac{8g}{8g+r}\sigma_1^2\right)(8g+r)^2$$
$$-\left(\sigma_x^2+\frac{4g}{8g+r}\left(\frac{\sigma_x^4}{\sigma_x^2+\sigma_1^2}-\sigma_x^2\right)\right)(8g+r)^2=0.$$

$$\hat{\beta}^3\sigma_p^2+\beta\left((\sigma_x^2+\sigma_1^2)^2+\frac{16g^2}{(8g+r)^2}\sigma_1^4-\frac{8g}{8g+r}\sigma_1^2(\sigma_x^2+\sigma_1^2)\right)\frac{(8g+r)^2}{\sigma_x^2+\sigma_1^2}$$
$$-\left(\sigma_x^2+\frac{4g}{8g+r}\left(\frac{\sigma_x^4}{\sigma_x^2+\sigma_1^2}-\sigma_x^2\right)\right)(8g+r)^2=0$$

Hier kann auf den mittleren Term die binomische Formel angewendet werden:

$$\hat{\beta}^3\sigma_p^2+\beta\left(\frac{4g}{8g+r}\sigma_1^2-(\sigma_x^2+\sigma_1^2)\right)^2\frac{(8g+r)^2}{\sigma_x^2+\sigma_1^2}-$$
$$\left(\sigma_x^2+\frac{4g}{8g+r}\left(\frac{\sigma_x^4}{\sigma_x^2+\sigma_1^2}-\sigma_x^2\right)\right)(8g+r)^2=0$$

$$\hat{\beta}^3\sigma_p^2+\beta\left(-\frac{4g}{8g+r}\sigma_1^2-\sigma_x^2\right)^2\frac{(8g+r)^2}{\sigma_x^2+\sigma_1^2}-$$
$$\left(\frac{\sigma_x^4}{\sigma_x^2+\sigma_1^2}+\frac{\sigma_1^2\sigma_x^2}{\sigma_x^2+\sigma_1^2}+\frac{4g}{8g+r}\left(-\frac{\sigma_1^2\sigma_x^2}{\sigma_x^2+\sigma_1^2}\right)\right)(8g+r)^2=0$$

$$\hat{\beta}^3\sigma_p^2+\beta\left(-\frac{4g}{8g+r}\sigma_1^2-\sigma_x^2\right)^2\frac{(8g+r)^2}{\sigma_x^2+\sigma_1^2}$$
$$-\frac{(8g+r)\sigma_x^2\left(\sigma_x^2(8g+r)+\sigma_1^2(8g+r)-4g\sigma_1^2\right)}{\sigma_x^2+\sigma_1^2}=0$$

$$\hat{\beta}^3\sigma_p^2+\beta\left((4g+r)\sigma_1^2+(8g+r)\sigma_x^2\right)^2\frac{1}{\sigma_x^2+\sigma_1^2}$$
$$-\frac{(8g+r)\sigma_x^2\left((4g+r)\sigma_1^2+(8g+r)\sigma_x^2\right)}{\sigma_x^2+\sigma_1^2}=0. \tag{5.8}$$

Bestimmung des eindeutigen Vorzeichens von

$$F_g$$

$$F_g = -\frac{(8g+r)\sigma_x^2(4\sigma_1^2+8\sigma_x^2)}{\sigma_x^2+\sigma_1^2} - \frac{8\sigma_x^2\left((4g+r)\sigma_1^2+(8g+r)\sigma_x^2\right)}{\sigma_x^2+\sigma_1^2}$$
$$+\frac{2(4\sigma_1^2+8\sigma_x^2)\left((4g+r)\sigma_1^2+(8g+r)\sigma_x^2\right)\beta}{\sigma_x^2+\sigma_1^2}$$

Einsetzen von Gleichung (5.9)

$$\beta_{\max} = \frac{(8g+r)\sigma_x^2}{(4g+r)\sigma_1^2+(8g+r)\sigma_x^2}:$$

$$F_g = -\frac{(8g+r)\sigma_x^2(4\sigma_1^2+8\sigma_x^2)}{\sigma_x^2+\sigma_1^2} - \frac{8\sigma_x^2\left((4g+r)\sigma_1^2+(8g+r)\sigma_x^2\right)}{\sigma_x^2+\sigma_1^2}$$
$$+\frac{2(4\sigma_1^2+8\sigma_x^2)\left((4g+r)\sigma_1^2+(8g+r)\sigma_x^2\right)}{\sigma_x^2+\sigma_1^2}\frac{(8g+r)\sigma_x^2}{(4g+r)\sigma_1^2+(8g+r)\sigma_x^2}$$

$$F_g = +\frac{(8g+r)\sigma_x^2(4\sigma_1^2+8\sigma_x^2)}{\sigma_x^2+\sigma_1^2} - \frac{8\sigma_x^2\left((4g+r)\sigma_1^2+(8g+r)\sigma_x^2\right)}{\sigma_x^2+\sigma_1^2}$$

$$F_g = -\frac{4r\sigma_x^2\sigma_1^2}{\sigma_x^2+\sigma_1^2} < 0. \tag{5.13}$$

<u>Berechnung von</u> F_r

$$\hat{\beta}^3\sigma_p^2 + \beta\left((4g+r)\sigma_1^2+(8g+r)\sigma_x^2\right)^2\frac{1}{\sigma_x^2+\sigma_1^2}$$
$$-\frac{(8g+r)\sigma_x^2\left((4g+r)\sigma_1^2+(8g+r)\sigma_x^2\right)}{\sigma_x^2+\sigma_1^2} = 0. \tag{5.8}$$

Für die Ableitung von Gleichung (5.8) wird für den zweiten Term die Kettenregel und für den dritten Term die Produktregel angewandt. Dies ergibt:

$$F_r = \frac{2\beta\left((4g+r)\sigma_1^2+(8g+r)\sigma_x^2\right)(\sigma_x^2+\sigma_1^2)}{\sigma_x^2+\sigma_1^2} - \frac{(8g+r)\sigma_x^2(\sigma_x^2+\sigma_1^2)}{\sigma_x^2+\sigma_1^2}$$
$$-\frac{\sigma_x^2\left((4g+r)\sigma_1^2+(8g+r)\sigma_x^2\right)}{\sigma_x^2+\sigma_1^2}$$

$$F_r = -(8g+r)\sigma_x^2 - \frac{\sigma_x^2\left((4g+r)\sigma_1^2 + (8g+r)\sigma_x^2\right)}{\sigma_x^2 + \sigma_1^2} + 2\left((4g+r)\sigma_1^2 + (8g+r)\sigma_x^2\right)\beta$$

Bestimmung des Vorzeichens von F_r

$$F_r = -(8g+r)\sigma_x^2 - \frac{\sigma_x^2\left((4g+r)\sigma_1^2 + (8g+r)\sigma_x^2\right)}{\sigma_x^2 + \sigma_1^2} + 2\left((4g+r)\sigma_1^2 + (8g+r)\sigma_x^2\right)\beta$$

Einsetzen von Gleichung (5.9) $\beta_{\max} = \frac{(8g+r)\sigma_x^2}{(4g+r)\sigma_1^2 + (8g+r)\sigma_x^2}$:

$$F_r = -(8g+r)\sigma_x^2 - \frac{\sigma_x^2\left((4g+r)\sigma_1^2 + (8g+r)\sigma_x^2\right)}{\sigma_x^2 + \sigma_1^2}$$
$$+ 2\left((4g+r)\sigma_1^2 + (8g+r)\sigma_x^2\right)\frac{(8g+r)\sigma_x^2}{(4g+r)\sigma_1^2 + (8g+r)\sigma_x^2}$$

$$F_r = -(8g+r)\sigma_x^2 - \frac{\sigma_x^2\left((4g+r)\sigma_1^2 + (8g+r)\sigma_x^2\right)}{\sigma_x^2 + \sigma_1^2} + 2(8g+r)\sigma_x^2$$

$$F_r = -\frac{\sigma_x^2\left((4g+r)\sigma_1^2 + (8g+r)\sigma_x^2\right)}{\sigma_x^2 + \sigma_1^2} + \frac{(8g+r)\sigma_x^2(\sigma_x^2 + \sigma_1^2)}{\sigma_x^2 + \sigma_1^2}$$

$$F_r = -\frac{\sigma_x^2(4g+r)\sigma_1^2}{\sigma_x^2 + \sigma_1^2} + \frac{(8g+r)\sigma_x^2\sigma_1^2}{\sigma_x^2 + \sigma_1^2}$$

$$F_r = +\frac{4g\sigma_1^2\sigma_x^2}{\sigma_x^2 + \sigma_1^2}. \tag{5.15}$$

Berechnung von: $F_{\sigma_1^2}$

$$\hat{\beta}^3\sigma_p^2 + \beta\left((4g+r)\sigma_1^2 + (8g+r)\sigma_x^2\right)^2 \frac{1}{\sigma_x^2 + \sigma_1^2}$$
$$- \frac{(8g+r)\sigma_x^2\left((4g+r)\sigma_1^2 + (8g+r)\sigma_x^2\right)}{\sigma_x^2 + \sigma_1^2} = 0.$$

$$\hat{\beta}^3\sigma_p^2+\beta\left((4g+r)\sigma_1^2+(8g+r)\sigma_x^2\right)^2\frac{1}{\sigma_x^2+\sigma_1^2}-\frac{(8g+r)\sigma_x^2\left((4g+r)\sigma_1^2+(8g+r)\sigma_x^2\right)}{\sigma_x^2+\sigma_1^2}=0. \tag{5.8}$$

Die Ableitung von Gleichung (5.8). nach σ_1^2 ergibt:

$$F_{\sigma_1^2}=\frac{2(4g+r)\left((8g+r)\sigma_x^2+(4g+r)\sigma_1^2\right)\beta}{\sigma_x^2+\sigma_1^2}-\frac{\left((8g+r)\sigma_x^2+(4g+r)\sigma_1^2\right)^2\beta}{(\sigma_x^2+\sigma_1^2)^2}+\frac{(8g+r)\sigma_x^2\left((8g+r)\sigma_x^2+(4g+r)\sigma_1^2\right)}{(\sigma_x^2+\sigma_1^2)^2}-\frac{(4g+r)(8g+r)\sigma_x^2}{\sigma_x^2+\sigma_1^2}$$

$$F_{\sigma_1^2}=\frac{4g(8g+r)\sigma_x^4+\left(4g\sigma_1^2+r(\sigma_x^2+\sigma_1^2)\right)\left(r(\sigma_x^2+\sigma_1^2)+4g(2\sigma_x^2+\sigma_1^2)\right)\beta}{(\sigma_x^2+\sigma_1^2)^2}$$

Berechnung von $F_{\sigma_x^2}$:

$$\hat{\beta}^3\sigma_p^2+\beta\left((4g+r)\sigma_1^2+(8g+r)\sigma_x^2\right)^2\frac{1}{\sigma_x^2+\sigma_1^2}-\frac{(8g+r)\sigma_x^2\left((4g+r)\sigma_1^2+(8g+r)\sigma_x^2\right)}{\sigma_x^2+\sigma_1^2}=0. \tag{5.8}$$

Die Ableitung von Gleichung (5.8). nach σ_x^2 ergibt:

$$F_{\sigma_x^2}=-\frac{(8g+r)^2\sigma_x^2}{\sigma_x^2+\sigma_1^2}+\frac{(8g+r)\sigma_x^2\left((4g+r)\sigma_1^2+(8g+r)\sigma_x^2\right)}{(\sigma_x^2+\sigma_1^2)^2}-\frac{(8g+r)\left((4g+r)\sigma_1^2+(8g+r)\sigma_x^2\right)}{\sigma_x^2+\sigma_1^2}+\frac{2(8g+r)\left((4g+r)\sigma_1^2+(8g+r)\sigma_x^2\right)\beta}{\sigma_x^2+\sigma_1^2}-\frac{\left((4g+r)\sigma_1^2+(8g+r)\sigma_x^2\right)^2\beta}{(\sigma_x^2+\sigma_1^2)^2}$$

Nun werden die Terme 2 und 3 sowie die beiden Terme die β enthalten zusammengefasst:

$$F_{\sigma_x^2} = -\frac{(8g+r)^2\sigma_x^2}{\sigma_x^2+\sigma_1^2} - \frac{(8g+r)\sigma_1^2\left((4g+r)\sigma_1^2+(8g+r)\sigma_x^2\right)}{(\sigma_x^2+\sigma_1^2)^2}$$
$$+\frac{\left((4g+r)\sigma_1^2+(8g+r)\sigma_x^2\right)\left((12g+r)\sigma_1^2+(8g+r)\sigma_x^2\right)}{(\sigma_x^2+\sigma_1^2)^2}\beta$$

Bestimmung des Vorzeichens von $F_{\sigma_x^2}$

Einsetzen von Gleichung (5.9) $\beta_{\max} = \frac{(8g+r)\sigma_x^2}{(4g+r)\sigma_1^2+(8g+r)\sigma_x^2}$:

$$F_{\sigma_x^2} = -\frac{(8g+r)^2\sigma_x^2}{\sigma_x^2+\sigma_1^2} - \frac{(8g+r)\sigma_1^2\left((4g+r)\sigma_1^2+(8g+r)\sigma_x^2\right)}{(\sigma_x^2+\sigma_1^2)^2}$$
$$+\frac{\left((4g+r)\sigma_1^2+(8g+r)\sigma_x^2\right)\left((12g+r)\sigma_1^2+(8g+r)\sigma_x^2\right)}{(\sigma_x^2+\sigma_1^2)^2}\frac{(8g+r)\sigma_x^2}{(4g+r)\sigma_1^2+(8g+r)\sigma_x^2}$$

$$F_{\sigma_x^2} = -\frac{(8g+r)^2\sigma_x^2}{\sigma_x^2+\sigma_1^2} - \frac{(8g+r)\sigma_1^2\left((4g+r)\sigma_1^2+(8g+r)\sigma_x^2\right)}{(\sigma_x^2+\sigma_1^2)^2}$$
$$+\frac{(8g+r)\sigma_x^2\left((12g+r)\sigma_1^2+(8g+r)\sigma_x^2\right)}{(\sigma_x^2+\sigma_1^2)^2}$$

$$F_{\sigma_x^2} = \frac{-(8g+r)^2\sigma_x^4-(8g+r)^2\sigma_x^2\sigma_1^2}{(\sigma_x^2+\sigma_1^2)^2} - \frac{(8g+r)(4g+r)\sigma_1^4+(8g+r)^2\sigma_x^2\sigma_1^2}{(\sigma_x^2+\sigma_1^2)^2}$$
$$+\frac{(8g+r)(12g+r)\sigma_x^2\sigma_1^2+(8g+r)^2\sigma_x^4}{(\sigma_x^2+\sigma_1^2)^2}$$

$$F_{\sigma_x^2} = -\frac{2(8g+r)^2\sigma_x^2\sigma_1^2}{(\sigma_x^2+\sigma_1^2)^2} - \frac{(8g+r)(4g+r)\sigma_1^4}{(\sigma_x^2+\sigma_1^2)^2} + \frac{(8g+r)(12g+r)\sigma_x^2\sigma_1^2}{(\sigma_x^2+\sigma_1^2)^2}$$

$$F_{\sigma_x^2} = -\frac{(8g+r)\sigma_1^2\left((4g+r)\sigma_1^2+(4g+r)\sigma_x^2\right)}{(\sigma_x^2+\sigma_1^2)^2}$$

$$F_{\sigma_x^2} = -\frac{(4g+r)(8g+r)\sigma_1^2}{\sigma_x^2+\sigma_1^2}. \tag{5.21}$$

Literaturverzeichnis

ABDEL-KHALIK, A. R. (2007): An Empirical Analysis of CEO Risk Aversion and the Propensity to Smooth Earnings Volatility, in: Journal of Accounting, Auditing & Finance, 22, S. 201-235.

AHMED, A. S./TAKEDA, C./THOMAS, S. (1999): Bank Loan Loss Provision: A Reexamination of Capital Management, Earnings Management and Signaling Effects, in: Journal of Accounting & Economics, 28, S. 1-25.

ARYA, A./GLOVER, J. C./SUNDER, S. (1998): Earnings Management and the Revelation Principle, in: Review of Accounting Studies, 3, S. 7-34.

ARYA, A./GLOVER, J. C./SUNDER, S. (2003): Are Unmanaged Earnings Always Better for Investors?, in: Accounting Horizons, Supplement, S. 111-116.

BAIMAN, S./RAJAN, M. (1995): The Informational Advantages of Discretionary Bonus Schemes, in: The Accounting Review, 70, S. 557-579.

BARTH, M. E./BEAVER, W. H./LANDSMAN, W. R. (2001): The relevance of the value relevance literature for final accounting standard setting: Another view, in: Journal of Accounting and Economics, 31, S. 77-104.

BASU, S. (1997): The conservatism principle and the asymmetric timeliness of earnings, in: Journal of Accounting & Economics, 24, S. 3-37.

BEAVER, W. H./RYAN, S. G. (2000): Biases and lags in book value and their effects on the ability of the book-to-market ratio to predict book return on equity, in: Journal of Accounting & Economics, 38, S. 127-148.

BEIDLEMAN, C. R. (1973): Income Smoothing: The Role of Management, in: The Accounting Review, 48, S. 653-667.

BRONSTEIN (2001): Taschenbuch der Mathematik, Frankfurt am Main.

BURGSTAHLER, D. C./DICHEV, I. (1997): Earnings Management toAvoid Earnings Decreases and Losses, in: Journal of Accounting & Economics, 24, S. 99-126.

CALLSEN-BRACKER, H.-M. (2006): Finanzanalysten und Preiseffizienz, Nomos, Baden-Baden.

COHEN, D. A./DEY, A./LYS, T. Z. (2008): Real and Accrual Based Earnings Management in the Pre- and Post-Sarbanes-Oxley Periods, in: The Accounting Review, 83, S. 757-787.

COLLINS, J. H./SHACKELFORD, D. A./WAHLEN, J. M. (1995): Bank Differences in the Coordination of Regulatory Capital, Earnings, and Taxes, in: Journal of Accounting Research, 33, S. 263-291.

COPELAND, R. M. (1968): Income Smoothing, in: Journal of Accounting Research, 6, S. 101-116.

DEANGELO, L. (1986): Accounting numbers as market valuation substitutes: A study of management buyouts of public stockholders., in: The Accounting Review, 61, S. 400-420.

DECHOW, P. M./DICHEV, I. D. (2002): The Quality of Accruals and Earnings: The Role of Accrual Estimation Errors, in: The Accounting Review, 77, S. 35-59.

DECHOW, P. M./SKINNER, D. J. (2000): Earnings Management: Reconciling the Views of Accounting, Academics, Practioneers, and Regulators, in: Accounting Horizons, S. 235-250.

DECHOW, P. M./SLOAN, R. (1991): Executive incentives and the horizon problem: An empirical investigation., in: Journal of Accounting & Economics, 14, S. 51-89.

DECHOW, P. M./SLOAN, R./SWEENEY, A. (1995): Detecting Earnings Management, in: The Accounting Review, 70, S. 193-225.

DEFOND, M./PARK, C. (1997): Smoothing Income in Anticipation of Future Earnings, in: Journal of Accounting & Economics, 23, S. 115-139.

DEMSKI, J., S. (1998): Performance Measure Manipulation, in: Contemporary Accounting Research, 15, S. 261-285.

DEMSKI, J., S. (2004): Endogenous Expectations, in: The Accounting Review, 79, S. 519-539.

DYE, R. A. (1988): Earnings Management in an Overlapping Generations Model, in: Journal of Accounting Research, 26, S. 195-235.

EWERT, R./WAGENHOFER, A. (2005): Economic Effects of Tightening Accounting Standards, in: The Accounting Review, 80, S. 1101-1124.

FAMA, E. F. (1970): Efficient Capital Markets: A Review of Theory and Empirical Works, in: Journal of Finance, 25, S. 383-417.

FISCHER, P. E./VERRECHIA, R. E. (2000): Reporting Bias, in: The Accounting Review, 75, S. 229-245.

FUDENBERG, D./TIROLE, J. (1995): A Theory of Income and Dividend Smoothing Based on Incumbency Rents, in: The Journal of Political Economy, 103, S. 75-93.

FUKUI, Y. (1998): Earnings management with the help of historical cost accounting: Not for managers but for investors, in: Aoyama Gakuin University Working Paper.

GIVOLNY, D./HAYN, C. (2000): The changing time-series properties of earnings, cash flows and acrruals: Has financial reporting become more conservative?, in: Journal of Accounting & Economics, 29, S. 287-320.

GOEL, A. M./THAKOR, A. V. (2003): Why Do Firms Smooth Earnings?, in: Journal of Business, 76, S. 151-192.

GONCHAROV, I. (2005): Earnings Management and Its Determinants: Closing Gaps in Empirical Research, in: Frankfurt am Main et. al.

GRAHAM, J. R./HARVEY, C. R./RAJGOPAL, S. (2005): The economic implications of corporate financial reporting, in: Journal of Accounting & Economics, 30, S. 3-73.

GRAHAM, J. R./HARVEY, C. R./RAJGOPAL, S. (2006): Value Destruction and Financial Reporting Decisions, in: Working Paper, National Bureau of Economic Research, Cambridge.

GREENAWALT, M./SINKEY, J. (1988): Bank Loan Loss Provisions and the Income Smoothing Hypothesis: An Empirical Analysis, 1976-1984, in: Journal of Financial Services Research, 1, S. 301-318.

GUIDRY, F. A./LEONE, A./ROCK, S. (1999): Earnings-based bonus plans and earnings management by business-unit managers, in: Journal of Accounting & Economics, 26, S. 113-142.

HAAS, M. (2000): Bilanzpolitik in dynamischen Modellen der ökonomischen Agency-Theorie, in: Stuttgart.

HEALY, P. M. (1983): The Impact of Bonus Schemes on Accounting Choices, Dissertation, The University of Rochester, New York.

HEALY, P. M. (1985): The Effect of Bonus Schemes on Accounting Decisions, in: Journal of Accounting and Economics, 7, S. 85-107.

HEALY, P. M./WAHLEN, J. M. (1999): A Review of Earnings Management Literature and its Implications for Standard Setting, in: Accounting Horizons, 13, S. 365-383.

HEPWORTH, S. R. (1953): Smoothing Periodic Income, in: Accounting Review, 28, S. 32-39.

HIRTH, H. (1999): Insiderhandel bei unsicherem Veröffentlichungszeitpunkt, in: OR Spektrum 21, S. 81-96.

HOLTHAUSEN, R. W./LARCKER, D./SLOAN, R. (1995): Annual bonus schemes and the manipulation of earnings, in: Journal of Accounting & Economics, 19, S. 29-74.

HOLTHAUSEN, R. W./WATTS, R. L. (2001): The relevance of the value-relevance literature for financial accounting standard setting, in: Journal of Accounting & Economics, 31, S. 3-75.

HUNT, A./MOYER, S./SHEVLIN, T. (1996): Earnings Volatility, Earnings Management, and Equity Value, in: Working Paper, University of Washington.

JENSEN, M. C. (1978): Some Anomalus Evidence Regarding Market Efficiency, in: Journal of Financial Economics, 6, S. 95-101.

JONES, J. (1991): Earnings management during import relief investigations., in: Journal of Accounting Research, 29, S. 193-228.

KIRSCHENHEITER, M./MELUMAD, N. (2002): Can "Big Bath" and Earnings Smoothing Co-exist as Equilibrium Financial Reporting Strategies?, in: Journal of Accounting Research, 40, S. 761-796.

KNUTSON, P. H. (1993): Financial Reporting in the 1990s and Beyond. Association for Investment Management and Research, Charlottesville, VA, USA.

KREHMEYER, D./ORSAGH, M./SCHACHT, K. N. (2006): Breaking the Short-Term Cycle - Discussion and Recommendations on How Corporate Leaders, Asset Managers, Investors, and Analysts Can Refocus on Long-Term Value, in: CFA Centre for Financial Market Integrity/Business Roundtable Institute for Corporate Ethics.

LAMBERT, R. A. (1984): Income Smoothing as Rational Equilibrium Behaviour, in: The Accounting Review, 59, S. 604-618.

LAMBERT, R. A. (2001): Contracting theory and accounting, in: Journal of Accounting and Economics, 32, S. 3-87.

LEUZ, C./NANDA, D. J./WYSOCKI, P. (2003): Earnings Management and investor protection: An international comparison, in: Journal of Financial Economics, 69, S. 505-527.

LEV, B./NISSIM, D. (2002): Taxable income as an indicator of earnings quality, in: Working Paper, New York University, and Columbia University.

LEVITT, A. J. (1998): The 'numbers game', in: CPA Journal, 68, S. 14-19.

LINTNER, J. (1956): Distribution of Incomes of Corporations Among Dividends, Retained Earnings, and Taxes, in: American Economic Review, 46, S. 97-113.

LIPE, R. (1990): The Relation Between Stock Returns and Accounting Earnings Given Alternative Information, in: The Accounting Review, 65, S. 49-71.

MERCHANT, K. A. (1989): Rewarding Results: Motivating Profit Center Managers., in: Harvard Business School Press, Boston.

MILLS, L./NEWBERRY, K. (2001): The influence of tax and non-tax costs on book-tax reporting differences: public and private firms, in: Journal of American Taxation, 23, S. 1-19.

MURPHY, K./ZIMMERMANN, J. (1993): Financial performance surrounding CEO turnover, in: Journal of Accounting & Economics, 16, S. 273-316.

MYERSON, R. B. (1979): Incentive Compatibility and the Bargaining Problem, in: Econometrica, 47, S. 61-74.

NARAYANAN, M. P. (1985): Managerial incentives for short term results, in: Journal of Finance, 40, S. 1469-1484.

NEWMAN, P. (1988): Discussion of An Explanation for Accounting Income Smoothing, in: Journal of Accounting Research, 26 Supplement, S. 140-143.

RISKMETRICSGROUP (1999): Corporate Metrics: The Benchmark for Corporate Risk Management., in: RMG, New York.

RIVARD, R. J./BLAND, E./HATFIELD M., G. B. (2003): Income Smoothing Behavior of U.S. Banks Under Revised International Capital Requirements., in: International Advances in Economic Research, 9, S. 288-294.

SANDERS, T./HATFIELD, H./MOORE, U. (1938): A Statement of Accounting Principles, in: Americal Accounting Association, Sarasota, Florida.

SANKAR, M. R./SUBRAMANYAM, K. R. (2001): Reporting Discretion and Private Information Communication through Earnings, in: Journal of Accounting Research, 39, S. 365-386.

SCHIPPER, K. (1989): Commentary on earnings management, in: Accounting Horizons, 3, S. 91-102.

SCHIPPER, K. (2003): Earnings Quality, in: Accounting Horizons Supplement, S. 97-110.

SKINNER, D. J./SLOAN, R. G. (2002): Earnings Surprises, growth expectations, and stock returns or: Don't let an earnings torpedo sink your portfolio., in: Review of Accounting Studies, 7, S. 289-312.

SLOAN, R. G. (1996): Do Stock Prices Fully Reflect Information in Accruals and Cash Flows About Future Earnings?, in: The Accounting Review, 71, S. 289-316.

STEIN, J. C. (1989): Efficient Capital Markets, Inefficient Firms: A Model of Myopic Corporate Behavior, in: The Quarterly Journal of Economics, November, S. 655-669.

SUBRAMANYAM, K. R. (1996): The Pricing of Discretionary Accruals, in: Journal of Accounting & Economics, S. 249-81.

TRUEMAN, B./TITMAN, S. (1988): An Explanation for Accounting Income Smoothing, in: Journal of Accounting Research, 26, S. 127-139.

WAGENHOFER, A./DÜCKER, A. (2007): Die Messung von „Earnings“-Qualität, in: Journal für Betriebswirtschaft, 57, S. 263-297.

WAGENHOFER, A./EWERT, R. (2003): Externe Unternehmensrechnung, Springer, Berlin.

WAGNER, F. W. (1999): Besteuerung, in: Bitz, M./Dellmann, M./Wagner, F.W. (Hrsg): Vahlen's Kompendium der Betriebswirtschaftslehre, Band 2, 4. Auflage, München, S. 439-504.

WALL, L. D./KOCH, T. W. (2000): Bank Loan-Loss Accounting: A Review of Theoretical and Empirical Evidence, in: Economic Review, Federal Reserve Bank of Atlanta, 85, S. 1-20.

WEISBACH, M. (1988): Outside directors and CEO turnover, in: Journal of Financial Economics, S. 20.

YERMACK, D. (1997): Good timing: CEO stock option award and company news announcements, in: Journal of Finance, 52, S. 449476.

ZAROWIN, P. (2002): Does Income Smoothing Make Stock Prices More Informative, in: Working Paper - New York University Stern School of Business.

ZIV, A. (1998): Discussion of "Earnings Management and the Revelation Principle", in: Review of Accounting Studies, 3, S. 35-40.

Zeitfracht Medien GmbH
Ferdinand-Jühlke-Straße 7
99095 Erfurt, Deutschland
produktsicherheit@kolibri360.de